AF607748

HERMANOS GRIMM

SELECCIÓN DE CUENTOS

•FONTANA•

HERMANOS GRIMM

SELECCIÓN DE CUENTOS

TRADUCCIÓN:
YENIS OCHOA

PRÓLOGO Y PRESENTACIÓN:
FRANCESC LL. CARDONA,
Doctor en Historia y Catedrático

SELECCIÓN DE CUENTOS,
Hermanos Grimm

Prólogo / Presentación: Francesc Lluis Cardona
Traducción: Yenis Ochoa
Ilustraciones: Gustave Doré (páginas 14, 17, 134, 137 y 138), Arthur Rackham (páginas 15 y 29), John Everett Millais (página 18), Anne Anderson (página 23), Alexander Zick (páginas 27, 34, 37, 87, 121 y 126), Carl Offterdinger (páginas 28, 31, 54, 82, 98 y 132), Harry Clarke (página 38), William Heath (página 43), L. Leslie Brooke (páginas 44, 143 y 144), Philipp Grot Johann (páginas 64 y 110), Robert Anning Bell (página 66), Hermann Vogel (páginas 67, 71 y 122), Oskar Herrfurth (página 84), Walter Crane (página 86), John J.Ford (página 89), Víktor Vasnetsov (página 119), H.J. Ford (página 129) y Kate Greenaway (página 149). Las ilustraciones en páginas 12, 34, 52, 56, 116, 131 y 147 son anónimas.
Diseño gráfico / Ilustración portada: Daniel Jurado

Edita: Olmak Trade S.L.
C/ Roca Plana 1
08110 - Montcada i Reixac
Barcelona (España)

www.olmaktrade.com
info@olmaktrade.com

@O_BookTrade
#ClásicosFontana

Impreso en España / Printed in Spain

I.S.B.N: 978-84-10109-48-3
Depósito Legal: B 10081-2024

Estudio preliminar

Jacob Grimm

Nació en Hanau (Hesse-Alemania) en 1785. Huérfano muy joven, pasó una difícil juventud en medio de estrecheces económicas. Estudió en Marburgo y París y desempeñó varios empleos en la Administración de su patria. En 1814 y 1815 regresó dos veces a París para recuperar obras manuscritas robadas por el ejército napoleónico. Miembro activo del Congreso de Viena. De 1816 a 1829 fue bibliotecario en Cassel y de 1829 a 1837 lo fue de Colonia, además de impartir clases como profesor hasta que fue destituido por haber protestado por el golpe de Estado contra el rey de Hannover.

Junto con su hermano Wilhelm, pasó cuatro años en Cassel lleno de privaciones, hasta que ambos fueron nombrados miembros de la Academia de Ciencias de Berlín y se trasladaron a aquella ciudad. En 1848 fue elegido para el primer parlamento alemán que se reunió en Francfort. Fue el fundador de la germanistica e impulsor del método histórico en los estudios literarios. inició el estudio científico de la Mitología y recopiló un grupo de cuentos antiquísimos guardados por el acervo popular. Formuló la teoría del origen divino del lenguaje que divulgó en un curso en Gotinga.

Reunió documentos jurídicos antiguos de lo más variados. Junto a su hermano Wilhelm, publicó una gramática histórica de la lengua alemana que junto con *Cuentos para la infancia y el hogar* ya publicados en varios volúmenes, catapultaron su fama. Publicó también una *Historia de la lengua alemana* que todavía es útil en la actualidad.

Por último, siempre ayudado por su hermano, emprendió la redacción de un monumental *Vocabulario alemán.*

Wilhelm Grimm

Nacido también en Hanau al año de su hermano. Colaboró siempre con éste durante toda su vida. Estudiaron juntos Jurisprudencia en Marburgo teniendo por maestro a Savigny. También fue bibliotecario de Cassel y en 1831 se reunió con Jacob en Gotinga. Fue igualmente profesor y miembro de la Academia de Ciencias de Berlín e intervino en los *Cuentos infantiles y del hogar* y en el *Vocabulario*. Publicó asimismo una gran recopilación de documentos sobre mitos y leyendas heróicas de la antigua Alemania y estudios especiales sobre filología germánica. De salud enfermiza, demostró una gran capacidad de trabajo. Falleció en Berlín en 1859, mientras su hermano Jacob lo haría en la misma ciudad en 1863.

Cuentos para la infancia y el hogar

Comenzaron a recopilarlos entre 1812 y 1815 recogidos en su origen de la tradición oral burguesa de Cassel (en su mayoría *hugonote*). La supervisaron y aumentaron en 1837 y, por último, lo hicieron en 1857. En su origen no iban destinados a los niños, por lo que no llevaban ilustraciones, pero sí *notas* a pie de página.

En 1825 salió a la luz una edición resumida para niños y con ilustraciones.

De entrada, en la América Anglosajona, algunos sectores los condenaron por su descarnada exposición que bebía en la cultura medieval germánica. Precisamente cuando tuvieron éxito fue cuando fueron suavizados en una colección de 210 que reunió cuentos de hadas, fábulas y farsas rústicas. Son los cuentos de siempre que recordamos de nuestra infancia y juventud: Blancanieves, La Cenicienta, El gato con botas, Rapunzel, Caperucita Roja... que después fueron arrebatados por el cine, la publicidad, la moda, la TV, el teatro... los dibujos animados (Walt Disney, etc.)

No fueron del agrado de los británicos que argumentaron en contra de ellos (en especial los originales) que dejaban entrever la supuesta maldad alemana, a pesar de que muchos de ellos, ya los había recopilado el francés Charles Perrault (1628-1703).

Francesc Lluis Cardona

Selección de cuentos

Hermanos Grimm

CAPERUCITA ROJA

Había una vez una adorable niña que era querida por todo aquél que la conociera, pero sobre todo por su abuelita, y no quedaba nada que no le hubiera dado a la niña. Una vez le regaló una pequeña caperuza o gorrito de un color rojo, que le quedaba tan bien que ella nunca quería usar otra cosa, así que la empezaron a llamar Caperucita Roja. Un día su madre le dijo:

—Ven, Caperucita Roja, aquí tengo un pastel y una botella de vino, llévaselas en esta canasta a tu abuelita que esta enfermita y débil y esto le ayudará. Vete ahora temprano, antes de que caliente el día, y en el camino, camina tranquila y con cuidado, no te apartes de la ruta, no vayas a caerte y se quiebre la botella y no quede nada para tu abuelita. Y cuando entres a su dormitorio no olvides decirle, "Buenos días", ah, y no andes curioseando por todo el aposento.

—No te preocupes, haré bien todo. —Dijo Caperucita Roja, y tomó las cosas y se despidió cariñosamente.

La abuelita vivía en el bosque, como a un kilómetro de su casa. Y no más había entrado Caperucita Roja en el bosque, siempre dentro del sendero, cuando se encontró con un lobo. Caperucita Roja no sabía que esa criatura pudiera hacer algún daño, y no tuvo ningún temor hacia él.

—Buenos días, Caperucita Roja —dijo el lobo.

—Buenos días, amable lobo.

—¿Adónde te diriges tan temprano, Caperucita Roja?

—A casa de mi abuelita.

—¿Y qué llevas en esa canasta?

—Pastel y vino. Ayer fue día de hornear, así que mi pobre abuelita enferma va a tener algo bueno para fortalecerse.

—¿Y adonde vive tu abuelita, Caperucita Roja?

—Como a medio kilómetro más adentro en el bosque. Su casa está bajo tres grandes robles, al lado de unos avellanos. Seguramente ya los habrás visto —contestó inocentemente Caperucita Roja.

El lobo se dijo en silencio a sí mismo:

—¡Qué criatura tan tierna! Qué buen bocadito, y será más sabroso que esa viejita. Así que debo actuar con delicadeza para obtener a ambas fácilmente.

Entonces acompañó a Caperucita Roja un pequeño tramo del camino y luego le dijo:

—Mira Caperucita Roja, que lindas flores se ven por allá, ¿por qué no vas y recoges algunas? Y yo creo también que no te has dado cuenta de lo dulce que cantan los pajaritos. Es que vas tan deprisa en el camino como si fueras para la escuela, mientras que todo el bosque está lleno de maravillas.

Caperucita Roja levantó sus ojos, y cuando vio los rayos del sol danzando aquí y allá entre los árboles, y vio las bellas flores y el canto de los pájaros, pensó:

—Supongo que podría llevarle unas de estas flores frescas a mi abuelita y que le encantarán. Además, aún es muy temprano y no habrá problema si me atraso un poquito, siempre llegaré a buena hora.

Y así, ella se salió del camino y se fue a cortar flores. Y cuando cortaba una, veía otra más bonita, y otra y otra, y sin darse cuenta se fue adentrando en el bosque. Mientras tanto el lobo aprovechó el tiempo y corrió directo a la casa de la abuelita y tocó a la puerta.

—¿Quién es? —preguntó la abuelita.

—Caperucita Roja, —contestó el lobo.— Traigo pastel y vino. Ábreme, por favor.

—Mueve la cerradura y abre tú, —gritó la abuelita— estoy muy débil y no me puedo levantar.

El lobo movió la cerradura, abrió la puerta, y sin decir una palabra más, se fue directo a la cama de la abuelita y de un bocado se la tragó. Y enseguida se puso ropa de ella, se colocó un gorro, se metió en la cama y cerró las cortinas.

Mientras tanto, Caperucita Roja se había quedado colectando flores, y cuando vio que tenía tantas que ya no podía llevar más, se acordó de su abuelita y se puso en camino hacia ella. Cuando llegó, se sorprendió al encontrar la puerta abierta, y al entrar a la casa, sintió tan extraño presentimiento que se dijo para sí misma:

—¡Oh Dios! que incómoda me siento hoy, y otras veces que me ha gustado tanto estar con la abuelita.

Entonces gritó:

—¡Buenos días!

Pero no hubo respuesta, así que fue al dormitorio y abrió las cortinas. Allí parecía estar la abuelita con su gorro cubriéndole toda la cara, y con una apariencia muy extraña.

—¡Oh, abuelita! —dijo— qué orejas tan grandes tienes.

—Es para oírte mejor, mi niña —fue la respuesta.

—Pero abuelita, qué ojos tan grandes tienes.

—Son para verte mejor, querida.

—Pero abuelita, qué brazos tan grandes tienes.

—Para abrazarte mejor.

—Y qué boca tan grande tienes.

—Para comerte mejor... —y no había terminado de decir lo anterior, cuando de un salto salió de la cama y se tragó también a Caperucita Roja.

Entonces el lobo decidió hacer una siesta y se volvió a tirar en la cama, y una vez dormido empezó a roncar fuertemente. Un cazador que por casualidad pasaba en ese momento por allí, escuchó los fuertes ronquidos y pensó:

—¡Cómo ronca esa viejita! Voy a ver si necesita alguna ayuda.

Entonces ingresó al dormitorio, y cuando se acercó a la cama vio al lobo tirado allí.

—¡Así que te encuentro aquí, viejo pecador! —dijo él.— ¡Hacía tiempo que te buscaba!

Y ya se disponía a disparar su arma contra él, cuando pensó que el lobo podría haber devorado a la viejita y que aún podría ser salvada, por lo que decidió no disparar. En su lugar tomó unas tijeras y empezó a cortar el vientre del lobo durmiente. En cuanto había hecho dos cortes, vio brillar una gorrita roja, entonces hizo dos cortes más y la pequeña Caperucita Roja salió rapidísimo, gritando:

—¡Qué asustada estuve, qué oscuro está ahí dentro del lobo!, —y enseguida salió también la abuelita, vivita, pero que casi no podía respirar. Rápidamente, Caperucita Roja trajo muchas piedras con las que llenaron el vientre del lobo. Y cuando el lobo despertó, quiso correr e irse lejos, pero las piedras estaban tan pesadas que no soportó el esfuerzo y cayó muerto.

Las tres personas se sintieron felices. El cazador le quitó la piel al lobo y se la llevó a su casa. La abuelita comió el pastel y bebió el vino que le trajo Caperucita Roja y se reanimó. Pero Caperucita Roja solamente pensó:

—Mientras viva, nunca me retiraré del sendero para internarme en el bosque, cosa que mi madre me había ya prohibido hacer.

También se dice que otra vez que Caperucita Roja llevaba pasteles a la abuelita, otro lobo le habló, y trató de hacer que se saliera del sendero. Sin embargo Caperucita Roja ya estaba a la defensiva, y siguió directo en su camino. Al llegar, le contó a su abuelita que se había encontrado

con otro lobo y que la había saludado con "buenos días", pero con una mirada tan sospechosa, que si no hubiera sido porque ella estaba en la vía pública, de seguro que se la hubiera tragado.

—Bueno, —dijo la abuelita— cerraremos bien la puerta, de modo que no pueda entrar.

Luego, al cabo de un rato, llegó el lobo y tocó a la puerta y gritó:

—¡Abre abuelita que soy Caperucita Roja y te traigo unos pasteles!

Pero ellas callaron y no abrieron la puerta, así que aquel hocicón se puso a dar vueltas alrededor de la casa y de último saltó sobre el techo y se sentó a esperar que Caperucita Roja regresara a su casa al atardecer para entonces saltar sobre ella y devorarla en la oscuridad. Pero la abuelita conocía muy bien sus malas intenciones. Al frente de la casa había una gran olla, así que le dijo a la niña:

—Mira Caperucita Roja, ayer hice algunas ricas salsas, por lo que trae con agua la cubeta en las que las cociné, a la olla que está afuera.

Y llenaron la gran olla a su máximo, añadiendo deliciosos condimentos. Empezaron aquellos deliciosos aromas a llegar a la nariz del lobo, y empezó a aspirar y a caminar hacia aquel exquisito olor. Caminó hasta llegar a la orilla del techo y estiró tanto su cabeza que resbaló y cayó de bruces exactamente al centro de la olla hirviente, ahogándose y cocinándose inmediatamente. Y Caperucita Roja retornó segura a su casa y en adelante siempre se cuidó de no caer en las trampas de los que buscan hacer daño.

RAPUNZEL

Había en una ocasión un matrimonio que deseaba hacía mucho tiempo tener un hijo, hasta que al fin dio la mujer esperanzas de que el Señor quería se cumpliesen sus deseos. En la alcoba de los esposos había una ventana pequeña, cuyas vistas daban a un hermoso huerto, en el cual se encontraban toda clase de flores y legumbres. Sin embargo se encontraban rodeado de una alta pared, y nadie se atrevía a entrar dentro, porque pertenecía a una hechicera muy poderosa y temida de todos. Un día estaba la mujer a la ventana mirando al huerto en el cual vio un cuadro plantado de ruiponches, y la parecieron tan verdes y tan frescos, que sintió antojo por comerlos. Creció su antojo de día en día y, como no ignoraba que no podía satisfacerle, comenzó a estar triste, pálida y enfermiza. Asustose el marido y la preguntó:

—¿Qué tienes, querida esposa?

—¡Oh! le contestó, si no puedo comer ruiponches de los que hay detrás de nuestra casa, me moriré de seguro.

El marido que la quería mucho, pensó para sí.

—Antes de consentir en que muera mi mujer, la traeré el ruiponche, y sea lo que Dios quiera.

Al anochecer saltó las paredes del huerto de la hechicera, cogió en un momento un puñado de ruiponche, y se lo llevó a su mujer, que hizo enseguida una ensalada y se lo comió con el mayor apetito. Pero le supo tan bien, tan bien, que al día siguiente tenía mucha más gana aún de volverlo a comer, no podía tener descanso si su marido no iba otra vez al huerto. Fue por lo tanto al anochecer, pero se asustó mucho, porque estaba en él la hechicera.

—¿Cómo te atreves, le dijo encolerizada, a venir a mi huerto y a robarme mi ruiponche como un ladrón? ¿No sabes que puede venirte una desgracia?

—¡Ah! le contestó, perdonad mi atrevimiento, pues lo he hecho por necesidad. Mi mujer ha visto vuestro ruiponche desde la ventana, y se le ha antojado de tal manera que moriría si no lo comiese.

La hechicera le dijo entonces deponiendo su enojo:

—Si es así como dices, coge cuanto ruiponche quieras, pero con una condición: tienes que entregarme el hijo que dé a luz tu mujer. Nada le faltará, y le cuidaré como si fuera su madre.

El marido se comprometió con pena, y en cuanto dio a luz le presentó a su hijo a la hechicera, que puso a la niña el nombre de Rapunzel (que significa ruiponche) y se la llevó.

Rapunzel era la criatura más hermosa que ha habido bajo el sol. Cuando cumplió doce años la hechicera la encerró en una torre que había en un bosque, la cual no tenía escalera ni puerta, sino exclusivamente una ventana muy pequeña y alta. Cuando la hechicera quería entrar se ponía debajo de ella y decía:

Rapunzel, Rapunzel,
echa tus cabellos
subiré por ellos.

Pues Rapunzel tenía unos cabellos muy largos y hermosos y tan finos como el oro hilado. Apenas oía la voz de la hechicera, desataba su trenza, la dejaba caer desde lo alto de su ventana, que se encontraba a más de veinte varas del suelo y la hechicera subía entonces por ellos.

Mas aconteció, trascurridos un par de años, que pasó por aquel bosque el hijo del rey y se acercó a la torre en la cual oyó un cántico tan dulce y suave que se detuvo escuchándole. Era Rapunzel que pasaba el tiempo en su soledad entreteniéndose en repetir con su dulce voz las más agradables canciones. El hijo del rey hubiera querido entrar, y buscó la puerta de la torre, pero no pudo encontrarla. Marchose a su casa, pero el cántico había penetrado de tal manera en su corazón, que iba todos los días al bosque a escucharle. Estando uno de ellos bajo un árbol, vio que llegaba una hechicera, y la oyó decir:

Rapunzel, Rapunzel,
echa tus cabellos
subiré por ellos.

Rapunzel dejó entonces caer su cabellera y la hechicera subió por ella.

Si es esa la escalera por que se sube, dijo el príncipe, quiero yo también probar fortuna.

Y al día siguiente, cuando empezaba a anochecer se acercó a la torre y dijo:

Rapunzel, Rapunzel,
echa tus cabellos
subiré por ellos.

Enseguida cayeron los cabellos y subió el hijo del rey. Al principio se asustó Rapunzel cuando vio entrar un hombre, pues sus ojos no habían visto todavía ninguno, pero el hijo del rey comenzó a hablarle con la mayor amabilidad, y le refirió que su cántico había conmovido de tal manera su corazón, que desde entonces no había podido descansar un solo instante y se había propuesto verla y hablarle. Desapareció con esto el miedo de Rapunzel y cuando le preguntó si quería casarse con él, y vio que era joven y buen mozo, pensó entre sí:

—Le querré mucho más que a la vieja hechicera.

Le dijo que sí, y estrechó su mano con la suya, añadiendo:

—De buena gana me marcharía contigo, pero ignoro cómo he de bajar; siempre que vengas tráeme cordones de seda con los cuales iré creando una escala, y cuando sea suficientemente larga, bajaré, y me llevarás en tu caballo.

Convinieron en que iría todas las noches, pues la hechicera iba por el día, la cual no notó nada hasta que le preguntó Rapunzel una vez:

—Dime, abuelita ¿cómo es que tardas tanto tiempo en subir, mientras el hijo del rey llega en un momento a mi lado?

—¡Ah, pícara! le contestó la hechicera. ¡Qué es lo que oigo! ¡Yo que creía haberte ocultado a todo el mundo, y me has engañado!

Cogió encolerizada los hermosos cabellos de Rapunzel, les dio un par de vueltas en su mano izquierda, tomó unas tijeras con la derecha, y tris, tras, los cortó, cayendo al suelo las hermosas trenzas, y llegó a tal extremo su furor que llevó a la pobre Rapunzel a un desierto, donde la condenó a vivir entre lágrimas y dolores.

El mismo día en que descubrió la hechicera el secreto de Rapunzel, tomó por la noche los cabellos que la había cortado, los aseguró a la ventana, y cuando vino el príncipe dijo:

Rapunzel, Rapunzel,
echa tus cabellos
subiré por ellos,

Los descubrió colgando. El hijo del rey subió entonces, pero no encntró a su querida Rapunzel, sino a la hechicera, que le recibió con la peor cara del mundo.

—¡Hola! le dijo burlándose, vienes a buscar a tu queridita, pero el pájaro no está ya en su nido y no volverá a cantar; le han sacado de su jaula y tus ojos no le verán ya más. Rapunzel es cosa perdida para ti, no la encontrarás nunca.

El príncipe sintió el dolor más profundo y en su desesperación saltó de la torre; tuvo la fortuna de no perder la vida, pero las zarzas en que cayó le atravesaron los ojos. Comenzó a andar a ciegas por el bosque, no comía más que raíces e hierbas y sólo se ocupaba en lamentarse y llorar la pérdida de su querida esposa. Erró así durante algunos años en la mayor miseria, hasta que llegó al final desierto donde vivía Rapunzel en continua angustia. Oyó su voz y creyó conocerla; fue derecho hacia ella, la reconoció apenas la hubo encontrado, se arrojó a su cuello y lloró amargamente. Las lágrimas que inundaron sus ojos, les devolvieron su antigua claridad y volvió a ver como antes. La llevó a su reino donde fueron recibidos con grande alegría, y vivieron muchos años dichosos y contentos.

HANSEL Y GRETEL

Érase una vez un leñador muy pobre que tenía dos hijos: un niño llamado Hansel, y una niña llamada Gretel, y que había contraído nuevamente casamiento después de que la madre de los niños falleciera. El leñador quería mucho a sus hijos pero un día una terrible hambruna asoló la región. Casi no tenían ya que comer y una noche la malvada esposa del leñador le dijo:

—No podremos sobrevivir los cuatro otro invierno. Deberemos tomar mañana a los niños y llevarlos a la parte más profunda del bosque cuando salgamos a trabajar. Le daremos un pedazo de pan a cada uno y luego los dejaremos allí para que ya no encuentren su camino de regreso a casa.

El leñador se negó a esta idea porque amaba a sus hijos y sabía que si los dejaba en el bosque morirían de hambre o devorados por las fieras, pero su esposa le dijo:

—Tonto, ¿no te das cuenta que si no dejas a los niños en el bosque, entonces los cuatro moriremos de hambre?

Tanto insistió la malvada mujer, que finalmente convenció a su marido de abandonar a los niños en el bosque. Afortunadamente los niños estaban aún despiertos y escucharon todo lo que planearon sus padres.

—Gretel, —dijo Hansel a su hermana— no te preocupes que ya tengo la solución.

A la mañana siguiente todo ocurrió como se había planeado. La mujer levantó a los pequeños muy temprano, les dió un pedazo de pan a cada uno y los cuatro emprendieron la marcha hacia el bosque. Lo que el leñador y su mujer no sabían era que durante la noche, Hansel había salido al jardín para llenar sus bolsillos de guijarros blancos, y ahora, mientras caminaban, lenta y sigilosamente fue dejando caer guijarro tras guijarro formando un camino que evitaría que se perdieran dentro del bosque. Cuando llegaron a la parte más boscosa, encendieron un fuego, sentaron a los niños en un árbol caido y les dijeron:

—Aguarden aquí hasta que terminemos de trabajar.

Por largas horas los niños esperaron hasta que se hizo de noche, ellos permanecieron junto al fuego tranquilos porque oían a lo lejos un CLAP-CLAP, que supusieron sería el hacha de su padre trabajando todavía. Pero ignoraban que su madrastra había atado una rama a un árbol para que hiciera ese ruido al ser movida por el viento. Cuando la noche se hizo más oscura Gretel decidió que era tiempo de volver, pero Hansel le dijo que debían esperar que saliera la luna y así lo hicieron, cuando la luna iluminó los guijarros blancos dejados por Hansel fue como si hubiera delante de ellos un camino de plata.

A la mañana siguiente los dos niños golpearon la puerta de su padre:

—¡Hemos llegado! —gritaron los niños, la madrastra estaba furiosa, pero el leñador se alegró inmensamente, porque lamentaba mucho lo que había hecho.

Vivieron nuevamente los cuatro juntos un tiempo más, pero a los pocos días, una hambruna aún más terrible que la anterior volvió a devastar la región. El leñador no quería separarse de sus hijos pero una vez más su esposa lo con-

venció de que era la única solución. Los niños oyeron esto una segunda vez, pero esta vez Hansel no pudo salir a recoger los guijarros porque su madrastra había cerrado con llave la puerta para que los niños no se pudieran escapar.

—No importa, —le dijo Hansel a Gretel— no te preocupes, que algo se me ocurrirá mañana.

Aún no había salido el sol cuando los cuatros dejaron la casa, Hansel fue dejando caer todo a lo largo del camino, las miguitas del pan que le habían dado antes de partir la malvada madrastra. Nuevamente los dejaron junto al fuego, en lo profundo del bosque, y esperaron mucho tiempo allí sentados, cuando estaba oscureciendo quisieron volver a casa. Qué gran sorpresa se llevaron los niños cuando comprobaron que todas las miguitas dejadas por Hansel se las habían comido las aves del bosque y no quedaba ni una sola.

Solos, con mucha hambre y llenos de miedo, los dos niños se encontraron en un bosque espeso y oscuro del que no podían hallar la salida. Vagaron durante muchas horas hasta que por fin, encontraron un claro donde sus ojos descubrieron la maravilla más grande que jamás hubiesen podido imaginar: ¡una casita hecha de dulces! Los techos eran de chocolate, las paredes de mazapán, las ventanas de caramelo, las puertas de turrón, el camino de confites...

—¡Un verdadero manjar! —dijo Hansel quien corrió hacia la casita— ¡Ven Gretel, yo comeré del techo y tu podrás comerte las ventanas!

Y así diciendo y corriendo, los niños se arrojaron sobre la casa y comenzaron a devorarla sin notar que, sigilosamente salía a su encuentro una malvada bruja que inmediatamente los llamó y los invitó a seguir.

—Veo que querían comer mi casa —dijo la bruja—. Pues ahora ¡yo los voy a comer a ustedes!

Los tomó prisioneros. Y así diciendo los examinó:

—Tu, la niña —dijo mirando a Gretel— me servirás para ayudarme mientras engordamos al otro que está muy flacucho y así no me lo puedo comer, pues solo lamería los huesos.

Y sin prestar atención a las lágrimas de los niños tomó a Hansel y lo metió en un diminuto cuarto esperando el día en que estuviese lo suficientemente gordo para comérselo.

Una noche mientras la bruja dormía los niños empezaron a crear un plan.

—Como la bruja es muy corta de vista —dijo Gretel— cuando ella te pida que le muestres uno de sus dedos para sentir si ya estas rellenito, tú lo que vas a sacar por entre los barrotes de la jaula es este huesito de pollo, de forma tal que la bruja sienta lo huesudo de tu mano y decidía esperar un tiempo más" y ambos estuvieron de acuerdo con la idea. Sin embargo, y como era de esperarse, esa situación no podía durar por siempre, y un mal día la bruja vociferó:

—Ya estoy cansada de esperar que este niño engorde. Come y come todo el día y sigue flaco como el día que llegó.

Entonces encendió el gigantesco horno y le gritó a Gretel:

—Métete dentro para ver si ya está caliente.

Pero la niña, que sabía que en realidad lo que la bruja quería era atraparla dentro para comérsela también, le replicó:

—No se cómo hacerlo.

—Quítate —grito la bruja, moviendo los brazos de lado a lado y lanzando maldiciones a diestra y siniestra— estoy agobiada.

Y le dijo:

—Si serás tonta. Es lo más fácil del mundo, te mostraré cómo hacerlo.

Y se metió dentro del horno. Gretel, sin dudar un momento, cerró la pesada puerta y dejó allí atrapada a la malvada bruja que, dando grandes gritos pedía que la sacaran de aquel gran horno, fue así como ese día la bruja murió quemada en su propia trampa. Gretel corrió entonces junto a su hermano y lo liberó de su prisión.

Entonces los niños vieron que en la casa de la bruja había grandes bolsas con montones de piedras preciosas y perlas. Así que llenaron sus bolsillos lo más que pudieron y a toda prisa dejaron aquel bosque encantado. Caminaron y caminaron sin descansar y finalmente dieron con la casa de su padre quien al verlos llegar se llenó de júbilo porque desde que los había abandonado no había pasado un solo día sin que lamentase su decisión. Los niños corrieron a abrazarlo y, una vez que se hubieron reencontrado, les contó que la malvada esposa había muerto y que nunca más volvería a lastimarlos, los niños entonces recordaron y vaciaron sus bolsillos ante los incrédulos ojos de su padre que nunca más debió padecer necesidad alguna.

LA CENICIENTA

La mujer de un hombre muy rico se encontraba muy enferma, y cuando vio que se acercaba su fin, llamó a su hija única y la dijo:

—Querida hija, sé piadosa y buena, Dios te protegerá desde el cielo y yo no me apartaré de tu lado y te bendeciré. Poco después cerró los ojos y espiró. La niña iba todos los días a llorar al sepulcro de su madre y continuó siendo siempre piadosa y buena. Llegó el invierno y la nieve cubrió el sepulcro con su blanco manto, llegó la primavera y el sol doró las flores del campo y el padre de la niña se casó de nuevo.

La esposa trajo dos niñas que tenían un rostro muy hermoso, pero un corazón muy duro y cruel; entonces comenzaron muy malos tiempos para la pobre huérfana.

—No queremos que esté ese pedazo de ganso sentada a nuestro lado, que gane el pan que coma, váyase a la cocina con la criada.

La quitaron sus vestidos buenos, la pusieron una basquiña remendada y vieja y la dieron unos zuecos.

—¡Qué sucia está la orgullosa princesa! —decían riéndose, y la mandaron ir a la cocina: tenía que trabajar allí desde por la mañana hasta la noche, levantarse temprano, traer agua, encender lumbre, coser y lavar; sus hermanas la hacían además todo el daño posible, se burlaban de ella y la vertían la comida en la lumbre, de manera que tenía que bajarse a recogerla. Por la noche cuando estaba cansada de tanto trabajar, no podía acostarse, pues no te-

nía cama, y la pasaba recostada al lado del hogar, y como siempre estaba, llena de polvo y ceniza, la llamaban la Cenicienta.

Sucedió que su padre fue en una ocasión a una feria y preguntó a sus hijastras lo que querían las trajese.

—Un bonito vestido —dijo la una.

—Una buena sortija, —añadió la segunda.

—Y tú Cenicienta, ¿qué quieres? —le dijo—. Padre, traedme la primera rama que encontréis en el camino.

Compró a sus dos hijastras hermosos vestidos y sortijas adornadas de perlas y piedras preciosas, y a su regreso, al pasar por un bosque cubierto de verdor, tropezó con su sombrero en una rama de zarza, y la cortó. Cuando volvió a su casa dio a sus hijastras lo que le habían pedido y la rama a la Cenicienta, la cual se lo agradeció; corrió al sepulcro de su madre, plantó la rama en él y lloró tanto que regada por sus lágrimas, no tardó la rama en crecer y convertirse en un hermoso árbol. La Cenicienta iba tres veces todos los días a ver el árbol, lloraba y oraba y siempre iba a descansar en él un pajarillo, y cuando sentía algún deseo, en el acto la concedía el pajarillo lo que deseaba.

Celebró por entonces el rey unas grandes fiestas, que debían durar tres días, e invitó a ellas a todas las jóvenes del país para que su hijo escogiera la que más le agradase por esposa. Cuando supieron las dos hermanastras que debían asistir a aquellas fiestas, llamaron a la Cenicienta y la dijeron.

—Péinanos, límpianos los zapatos y ponles bien las hebillas, pues vamos a una boda al palacio del rey.

La Cenicienta las escuchó llorando, pues las hubiera acompañado con mucho gusto al baile, y suplicó a su madrastra se lo permitiese.

—Cenicienta, —le dijo— estás llena de polvo y ceniza y ¿quieres ir a una boda? ¿No tienes vestidos ni zapatos y quieres bailar?

Pero como insistiese en sus súplicas, le dijo finalmente:

—Se ha caído un plato de lentejas en la ceniza, si las recoges antes de dos horas, vendrás con nosotras.

La joven salió al jardín por la puerta trasera y dijo:

—Tiernas palomas, amables tórtolas, pájaros del cielo, venid todos y ayudadme a recoger.

Las buenas en el puchero,
las malas en el caldero.

Entraron por la ventana de la cocina dos palomas blancas, y después dos tórtolas y por último comenzaron a revolotear alrededor del hogar todos los pájaros del cielo, que acabaron por bajarse a la ceniza, y las palomas picoteaban con sus piquitos diciendo pi, pi, y los restantes pájaros comenzaron también a decir pi, pi, y pusieron todos los granos buenos en el plato. Aún no había trascurrido una hora, y ya estaba todo concluido y se marcharon volando. Llevó entonces la niña llena de alegría el plato a su madrastra, creyendo que le permitiría ir a la boda, pero la dijo:

—No, Cenicienta, no tienes vestido y no sabes bailar, se reirían de nosotras.

Mas viendo que lloraba añadió:

—Si puedes recoger de entre la ceniza dos platos llenos de lentejas en una hora, irás con nosotras.

Creyendo en su interior, que no podría hacerlo, vertió los dos platos de lentejas en la ceniza y se marchó, pero la joven salió entonces al jardín por la puerta trasera y volvió a decir:

—Tiernas palomas, amables tórtolas, pájaros del cielo, venid todos y ayudadme a recoger.

Las buenas en el puchero,
las malas en el caldero.

Entraron por la ventana de la cocina dos palomas blancas, después dos tórtolas, y por último comenzaron a revolotear al rededor del hogar todos los pájaros del cielo que acabaron por bajarse a la ceniza y las palomas picoteaban con sus piquitos diciendo pi, pi, y los demás pájaros comenzaron a decir también pi, pi, y pusieron todas las lentejas buenas en el plato, y aun no había transcurrido media hora, cuando ya estaba todo concluido y se marcharon volando. Llevó la niña llena de alegría el plato a su madrastra, creyendo la permitiría ir a la boda, pero la dijo:

—Todo es inútil, no puedes venir, porque no tienes vestido y no sabes bailar; se reirían de nosotras.

La volvió entonces la espalda y se marchó con sus orgullosas hijas.

En cuanto quedó sola en casa, fue la Cenicienta al sepulcro de su madre, debajo del árbol, y comenzó a decir:

Arbolito pequeño, dame un vestido;
que sea, de oro y plata, muy bien tejido.

El pájaro la dio entonces un vestido de oro y plata y unos zapatos bordados de plata y seda; en seguida se puso el vestido y se marchó a la boda; sus hermanas y madrastra no la conocieron, creyendo sería alguna princesa extranjera, pues les pareció muy hermosa con su vestido de oro, y ni aun se acordaban de la Cenicienta, creyendo estaría mondando lentejas sentada en el hogar. Salió a su encuentro el hijo del rey, la tomó de la mano y bailó con ella, no permitiéndole bailar con nadie, pues no la soltó de la mano, y si se acercaba algún otro a invitarla, le decía:

—Es mi pareja.

Bailó hasta el amanecer y entonces decidió marcharse; el príncipe la dijo:

—Iré contigo y te acompañaré.

Pues deseaba saber quién era aquella joven, pero ella se despidió y saltó al palomar, entonces aguardó el hijo del rey a quien fuera su padre y le dijo que la doncella extran-

jera había saltado al palomar. El anciano creyó que debía ser la Cenicienta; trajeron una piqueta y un martillo para derribar el palomar, pero no había nadie dentro, y cuando llegaron a la casa de la Cenicienta, la encontraron sentada en el hogar con sus sucios vestidos y un turbio candil ardía en la chimenea, pues la Cenicienta había entrado y salido muy ligera en el palomar y corrido hacia el sepulcro de su madre, donde se quitó los hermosos vestidos que se llevó el pájaro y después se fue a sentar con su basquiña gris a la cocina.

Al día siguiente; cuando llegó la hora en que iba a principiar la fiesta y se marcharon sus padres y hermanas, corrió la Cenicienta junto al arbolito y dijo:

Arbolito pequeño, dame un vestido;
que sea, de oro y plata, muy bien tejido.

Le dio entonces el pájaro un vestido mucho más hermoso que el del día anterior y cuando se presentó en la boda con aquel traje, dejó a todos admirados de su extraordinaria belleza; el príncipe que la estaba aguardando la tomó de la mano y bailó toda la noche con ella; cuando iba algún otro a invitarla, decía:

—Es mi pareja. Al amanecer manifestó deseos de marcharse, pero el hijo del rey la siguió para ver la casa en que entraba, más de pronto se metió en el jardín de detrás de la casa. Había en él un hermoso árbol muy grande, del cual colgaban hermosas peras; la Cenicienta trepó hasta sus ramas y el príncipe no pudo saber por dónde había ido, pero aguardó hasta que vino su padre y le dijo:

—La doncella extranjera se me ha escapado; me parece que ha saltado el peral. El padre creyó que debía ser la Cenicienta; mandó traer una hacha y derribó el árbol, pero no había nadie en él, y cuando llegaron a la casa, encontraron a la Cenicienta sentada en el hogar, como la noche anterior, pues había saltado por el otro lado el árbol y fue corriendo al sepulcro de su madre, donde dejó al pájaro sus hermosos vestidos y tomó su basquiña gris.

Al día siguiente, cuando se marcharon sus padres y hermanas, fue también la Cenicienta al sepulcro de su madre y dijo al arbolito:

Arbolito pequeño, dame un vestido;
que sea, de oro y plata, muy bien tejido.

Diole entonces el pájaro un vestido que era mucho más hermoso y magnífico que ninguno de los anteriores, y los zapatos eran todos de oro, y cuando se presentó en la boda con aquel vestido, nadie tenía palabras para expresar su asombro; el príncipe bailó toda la noche con ella y cuando se acercaba alguno a invitarla, le decía:

—Es mi pareja.

Al amanecer se empeñó en marcharse la Cenicienta, y el príncipe en acompañarla, mas se escapó con tal ligereza que no pudo seguirla, pero el hijo del rey había mandado untar toda la escalera de pez y se quedó pegado en ella el zapato izquierdo de la joven; levantole el príncipe y vio que era muy pequeño, bonito y todo de oro. Al día siguiente fue a ver al padre de la Cenicienta y le dijo:

—He decidido sea mi esposa a la que venga bien este zapato de oro.

Alegráronse mucho las dos hermanas porque tenían los pies muy bonitos; la mayor entró con el zapato en su cuarto para probársele, su madre estaba a su lado, pero no se le podía meter, porque sus dedos eran demasiado largos y el zapato muy pequeño; al verlo dijo su madre alargándola un cuchillo:

—Córtate los dedos, pues cuando seas reina no irás nunca a pie.

La joven se cortó los dedos; metió el zapato en el pie, ocultó su dolor y salió a reunirse con el hijo del rey, que la subió a su caballo como si fuera su novia, y se marchó con ella, pero tenía que pasar por el lado del sepulcro de la primera mujer de su padrastro, en cuyo árbol había dos palomas, que comenzaron a decir.

No sigas más adelante,
detente a ver un instante,
que el zapato es muy pequeño
y esa novia no es su dueña.

Se detuvo, la miró los pies y vio correr la sangre; volvió su caballo, condujo a su casa a la novia fingida y dijo no era la que había pedido, que se probase el zapato la otra hermana. Entró ésta en su cuarto y se le metió bien por delante, pero el talón era demasiado grueso; entonces su madre la alargó un cuchillo y la dijo:

—Córtate un pedazo del talón, pues cuando seas reina, no irás nunca a pie.

La joven se cortó un pedazo de talón, metió un pie en el zapato, y ocultando el dolor, salió a ver al hijo del rey, que la subió en su caballo como si fuera su novia y se marchó con ella; cuando pasaron delante del árbol había dos palomas que comenzaron a decir:

No sigas más adelante,
detente a ver un instante,
que el zapato es muy pequeño
y esa novia no es su dueña.

Se detuvo, la miró los pies, y vio correr la sangre, volvió su caballo y condujo a su casa a la novia fingida:

—Tampoco es esta la que busco, ¿tenéis otra hija?

—No, contestó el marido; de mi primera mujer tuve una pobre chica, a que llamamos la Cenicienta, porque está siempre en la cocina, pero esa no puede ser la novia que buscáis.

El hijo del rey insistió en verla, pero la madre le replicó:

—No, no, está demasiado sucia para atreverme a enseñarla.

Se empeñó sin embargo en que saliera y hubo que llamar a la Cenicienta. Se lavó primero la cara y las manos, y salió después a presencia del príncipe que la alargó el zapato de oro; se sentó en su banco, sacó de su pie el pesado zueco y se puso el zapato que la venía perfectamente, y cuando se levantó y la vio el príncipe la cara, reconoció a la hermosa doncella que había bailado con él, y dijo:

—Esta es mi verdadera novia.

—La madrastra y las dos hermanas se pusieron pálidas de ira, pero él subió a la Cenicienta en su caballo y se marchó con ella, y cuando pasaban por delante del árbol, dijeron las dos palomas blancas.

Sigue, príncipe, sigue adelante
sin parar un solo instante,
pues ya encontraste la dueña
del zapatito brillante.

Luego de decir esto, echaron a volar y se pusieron en los hombros de la Cenicienta, una en el derecho y otra en el izquierdo.

Cuando se verificó la boda, fueron las falsas hermanas a acompañarla y tomar parte en su felicidad, y al

dirigirse los novios a la iglesia, iba la mayor a la derecha y la menor a la izquierda, y las palomas que llevaba la Cenicienta en sus hombros picaron a la mayor en el ojo derecho y a la menor en el izquierdo, de modo que picaron a cada una un ojo; a su regreso se puso la mayor a la izquierda y la menor a la derecha, y las palomas picaron a cada una en el otro ojo, quedando ciegas toda su vida por su falsedad y envidia.

PULGARCITO

Un pobre labrador estaba sentado una noche en el rincón del hogar; mientras su mujer hilaba a su lado, él la decía:

—¡Cuánto siento no tener hijos! ¡Qué silencio hay en nuestra casa mientras en las demás todo es alegría y ruido!

—Sí —respondió su mujer suspirando—, yo quedaría contenta, aunque no tuviésemos más que uno solo tan grande como el dedo pulgar y le querríamos con todo nuestro corazón.

En este intermedio se hizo embarazada la mujer y al cabo de siete meses dio a luz un niño bien formado con todos sus miembros, pero que no era mas alto que el dedo pulgar. Entonces dijo:

—Es tal como le hemos deseado, mas no por eso le queremos menos.

Y sus padres le llamaron Tom Pouce, a causa de su tamaño. Le criaron lo mejor que pudieron, mas no creció, y quedó como había sido desde su nacimiento. Parecía sin embargo, que tenía talento: sus ojos eran inteligentes y manifestó bien pronto en su pequeña persona astucia y actividad para llevar a cabo lo que se le planeaba.

Arreglábase un día el labrador para ir a cortar madera a un bosque, y se decía: Cuánto me alegraría tener alguien que conduciese el carro.

—Padre —exclamó Tom Pouce—, yo quiero guiarle, yo; no tengáis cuidado, llegará a buen tiempo.

El hombre se echó a reír.

—Tú no puedes hacer eso —le dijo—, eres demasiado pequeño para llevar el caballo de la brida.

—¿Qué importa eso, padre? Si mamá quiere enganchar, me meteré en la oreja del caballo, y le dirigiré donde queráis que vaya.

—Está bien —dijo el padre—, veamos.

La madre enganchó el caballo y puso a Tom Pouce en la oreja, y el hombrecillo le guiaba por el camino que había que tomar, tan bien que el caballo marchó como si le condujese un buen carretero, y el carro fue al bosque por buen camino.

Mientras daban la vuelta a un recodo del camino, el hombrecillo gritaba:

—¡Soo, arre! Pasaban dos forasteros.

—Dios mío —exclamó uno de ellos—, ¿qué es eso? He ahí un carro que va andando: se oye la voz del carretero y no se ve a nadie.

—Es una cosa bastante extraña —dijo el otro—, vamos a seguir a ese carro y a ver donde se detiene.

El carro continuó su camino y se detuvo en el bosque, precisamente en el lugar donde había madera cortada. Cuando Tom Pouce distinguió a su padre, le gritó:

—¿Ves padre, qué bien he traído el carro? ahora bájame.

El padre cogió con una mano la brida, sacó con la otra a su hijo de la oreja del caballo y le puso en el suelo: el pequeñuelo se sentó alegremente en una paja.

Al ver a Tom Ponce, se admiraron los dos forasteros, no sabiendo qué pensar.

Uno de ellos llamó aparte al otro y le dijo:

—Ese diablillo podría hacer nuestra fortuna si le enseñásemos por dinero en alguna ciudad; hay que comprarle. Se acercaron al labrador y le dijeron:

—Vendednos ese enanillo: le cuidaremos bien.

—No —respondió el padre—, es hijo mío, y no le vendo por todo el oro del mundo.

Pero al oír la conversación, Tom Pouce había trepado por los pliegues del vestido de su padre subiendo hasta sus espaldas, desde donde le dijo al oído:

—Padre vendedme a esos hombres, volveré pronto.

Su padre se lo dio a los hombres por una hermosa moneda de oro.

—¿Dónde quieres ponerte? —le dijeron.

—¡Ah! ponedme en el ala de vuestro sombrero; podré pasearme y ver el campo, y tendré cuidado de no caerme.

Hicieron lo que él quería, y en cuanto Tom Pouce se despidió de su padre, se marcharon con él, caminando hasta la noche. Entonces los gritó el hombrecillo:

—Esperadme, necesito bajar.

—Quédate en el sombrero —dijo el hombre—; poco me importa lo que tengas que hacer, los pájaros hacen mucho más algunas veces.

—No, no —dijo Tom Ponce—, bajadme en seguida.

El hombre lo cogió y le puso en el suelo, en una tierra junto al camino; corrió un instante entre los surcos, y después se metió en un agujero que había buscado expresamente.

—Buenas noches, caballeros, ya estáis demás aquí —les gritó riendo.

Quisieron cogerle metiendo palos en el agujero, mas fue trabajo perdido. Tom se escondía más adentro cada vez, y empezando a oscurecer de repente, se vieron obligados a entrar en su casa incomodados y con las manos vacías.

Cuando estuvieron lejos, salió Tom Pouce de su cueva. Temía aventurarse por la noche en medio del campo, pues una pierna se rompe enseguida. Por fortuna encontró un caracol vacío:

—A Dios gracias —dijo—, pasaré la noche en seguridad aquí dentro. Y se estableció allí.

Cuando iba a dormirse oyó dos hombres que pasaban, y el uno decía al otro:

—¿Cómo nos arreglaríamos para robar el oro y la plata a ese cura tan rico?

—Yo os lo diré —les gritó Tom Pouce.

—¿Qué hay? —exclamó uno de los ladrones asustados—; ¿he oído hablar a alguien?

Continuaban escuchando, cuando Tom Pouce les gritó:

—Llevadme con vosotros y os ayudaré.

—¿Dónde estás?

—Buscadme por el suelo, por donde sale la voz. Los ladrones terminaron por encontrarle:

—Pequeño extracto de hombre —le dijeron—, ¿cómo quieres sernos útil?

—Mirad —les dijo—, me deslizaré por entre los hierros de la ventana en el cuarto del cura, y os pasaré todo lo que me pidáis.

—Pues vamos a probarlo —le dijeron.

En cuanto llegaron al presbiterio, Tom Pouce se deslizó en el cuarto; después se puso a gritar con todas sus fuerzas:

—¿Queréis todo lo que hay aquí?

Los ladrones asustados le dijeron:

—Habla bajo, vas a despertar a la gente:

Pero él, haciendo como si no los hubiera oído, gritó de nuevo:

—¿Qué es lo que queréis? ¿Queréis todo lo que hay aquí?

La criada que dormía en el cuarto de al lado, oyó este ruido, se levantó y escuchó. Los ladrones habían batido retirada; en fin, tomaron ánimo, y creyendo únicamente que el picarillo quería divertirse a sus expensas volvieron atrás y le dijeron por lo bajo:

—Déjate de bromas, pásanos algo.

Entonces Tom se puso a gritar con todas sus fuerzas:

—Voy a dároslo todo: abrid las manos.

La criada oyó bien claro esta vez, saltó de la cama y corrió a la puerta. Los ladrones, viendo esto, echaron a correr como si el diablo se les hubiera aparecido; no oyendo nada más la criada, fue a encender una luz. Cuando volvió, Tom Pouce se fue a ocultar en la pajera sin que le viese. La criada, después de haber registrado todos los rincones sin descubrir nada, fue a acostarse, y creyó que había soñado.

Tom Pouce había subido al heno, donde se arregló una camita; pensaba descansar allí hasta el día, y volver en seguida a casa de sus padres. ¡Pero debía padecer tantas pruebas todavía! ¡Hay tanto malo en el mundo! La criada se levantó a la aurora para dar de comer al ganado. Su primera visita fue a la pajera, cogió un brazado de heno con el pobre Tom Pouce dormido dentro. Dormía tan profundamente, que no se apercibió de nada, y no despertó hasta que estaba en la boca de una vaca que le había cogido con un puñado de heno. Creyó en un principio que había caído dentro de un molino, pero comprendió bien pronto donde se encontraba en realidad. Evitando dejarse mascar entre los dientes, acabó por deslizarse por la garganta a la panza. La habitación le parecía estrecha, sin ventana, y no veía ni sol ni luz. La morada le desagradaba mucho, y lo que complicaba más su situación, es que bajaba siempre nuevo heno, y el espacio se le hacía más estrecho cada vez.

Lleno de terror, gritó al fin lo más alto que pudo:

—¡Basta de heno! ¡Basta de heno! no quiero más.

La criada estaba precisamente en aquel momento ocupada en ordeñar la vaca; aquella voz que oyó sin ver a nadie, y que reconoció por la que la había despertado ya la noche anterior, la asustó de tal modo, que se cayó al suelo vertiendo la leche.

Fue corriendo a buscar a su amo y le dijo:

—¡Oh! ¡Dios mio! ¡Señor cura, que habla la vaca!

—Tú estás loca —respondió el sacerdote—, y sin embargo, fue él mismo al establo para asegurarse de lo que pasaba.

Pero apenas había entrado, gritó de nuevo Tom Pouce:

—¡Basta de heno! ¡no quiero más!

El cura se asustó a su vez, y creyendo que la vaca tenía el diablo en el cuerpo, dijo que era preciso matarla. La mataron, y la panza en que se encontraba prisionero el pobre Tom, fue arrojada al estiércol.

El pobrecillo trabajó mucho para desenredarse, y empezaba a sacar la cabeza fuera, cuando le sucedió una nueva desgracia. Un lobo hambriento se arrojó sobre la panza, y se la tragó de una vez. Tom Pouce no perdió ánimo.

—Quizá —pensó para sí—, será tratable este lobo.

Y desde su vientre donde estaba encerrado, le gritó:

—Querido amigo, quiero enseñarte dónde puedes encontrar una rica comida.

—¿Dónde? —le dijo el lobo.

—En tal y tal casa; no tienes más que deslizarte por el albañal a la cocina y encontrarás tortas, tocino, salchichas, toda la qué quieras.

Y le designó la casa de su padre con la mayor precisión.

El lobo no se lo hizo decir dos veces: se introdujo en la cocina y dio un buen avance a las provisiones. Pero cuando estuvo harto y tuvo que salir, se encontraba tan hinchado con el alimento, que no pudo conseguir salir por el albañal. Tom, que había contado con esto, comenzó a hacer un ruido terrible en el cuerpo del lobo saltando y brincando con todas sus fuerzas

—¿Quieres quedarte quieto? —le dijo el lobo—, vas a despertar a todos.

—¿Y qué? —le respondió el hombrecillo—. ¿No te has deleitado tú? también yo quiero divertirme.

Y se puso a gritar todo lo que pudo.

Acabó por despertar a sus padres, que corrieron y miraron en la cocina, a través de la cerradura. Cuando vieron que había un lobo, se armaron el hombre con un hacha y la mujer con una hoz.

—Ponte detrás —dijo el hombre a su mujer, cuando entraron en el cuarto—, voy a darle con mi hacha, si no le mato del golpe, le cortas tú el vientre.

Tom Pouce, que oyó la voz de su padre, se puso a gritar:

—Soy yo, querido padre, quien está en el vientre del lobo.

—Gracias a Dios —dijo el padre lleno de alegría—, que hemos encontrado a nuestro hijo.

Y mandó a su mujer que dejara la hoz de lado para no herir a su hijo. Después levantó su hacha, y tendió muerto al lobo de un golpe en la cabeza, y en seguida le abrió el vientre con su cuchillo y tijeras, y sacó al pequeño Tom.

—¡Ah! —le dijo—, ¡qué preocupados hemos estado por tu suerte!

—Sí, padre, he pasado mucho, pero por fortuna, heme aquí, vuelto a la luz.

—¿Dónde has estado?

—¡Ah, padre! he estado en un hormiguero, en la panza de una vaca y en el vientre de un lobo. Ahora me quedo con vosotros.

—Y no volveremos a venderte por todo el oro del mundo —dijeron sus padres abrazándole y estrechándole contra su corazón.

Le dieron de comer y le compraron vestidos, porque los suyos se habían arruinado durante el viaje.

BLANCANIEVES

Había una vez una niña muy bonita, una pequeña princesa que tenía un cutis blanco como la nieve, labios y mejillas rojos como la sangre, y cabellos negros como el azabache. Su nombre era Blancanieves.

A medida que crecía la princesa, su belleza aumentaba día tras día hasta que su madrastra, la reina, se puso muy celosa. Llegó un día en que la malvada madrastra no pudo tolerar más su presencia y ordenó a un cazador que la llevara al bosque y la matara. Como ella era tan joven y bella, el cazador se apiadó de la niña y le aconsejó que buscara un escondite en el bosque.

Blancanieves corrió tan lejos como se lo permitieron sus piernas, tropezando con rocas y troncos de árboles que la lastimaban. Por fin, cuando ya caía la noche, encontró una casita y entró para descansar. Todo en aquella casa era pequeño, pero más lindo y limpio de lo que se pueda imaginar. Cerca de la chimenea estaba puesta una mesita con siete platos muy pequeñitos, siete tacitas de barro y al otro lado de la habitación se alineaban siete camitas muy ordenadas. La princesa, cansada, se echó sobre tres de las camitas, y se quedó profundamente dormida.

Cuando llegó la noche, los dueños de la casita regresaron. Eran siete enanitos, que todos los días salían para trabajar en las minas de oro, muy lejos, en el corazón de las montañas.

—¡Caramba, qué bella niña! —exclamaron sorprendidos—. ¿Y cómo llegó hasta aquí?

Se acercaron para admirarla cuidando de no despertarla. Por la mañana, Blancanieves sintió miedo al despertarse y ver a los siete enanitos que la rodeaban. Ellos la interrogaron tan suavemente que ella se tranquilizó y les contó su triste historia.

—Si quieres cocinar, coser y lavar para nosotros —dijeron los enanitos—, puedes quedarte aquí y te cuidaremos siempre.

Blancanieves aceptó contenta. Vivía muy alegre con los enanitos, preparándoles la comida y cuidando de la casita. Todas las mañanas se paraba en la puerta y los despedía con la mano cuando los enanitos salían para su trabajo.

Pero ellos le advirtieron: —Cuídate. Tu madrastra puede saber que vives aquí y tratará de hacerte daño.

La madrastra, que de veras era una bruja, y consultaba a su espejo mágico para ver si existía alguien más bella que ella, descubrió que Blancanieves vivía en casa de los siete enanitos. Se puso furiosa y decidió matarla ella misma. Disfrazada de vieja, la malvada reina preparó una manzana con veneno, cruzó las siete montañas y llegó a casa de los enanitos.

Blancanieves, que sentía una gran soledad durante el día, pensó que aquella viejita no podía ser peligrosa. La invitó a entrar y aceptó agradecida la manzana, al parecer deliciosa, que la bruja le ofreció. Pero, con el primer mordisco que dio a la fruta, Blancanieves cayó como muerta.

Aquella noche, cuando los siete enanitos llegaron a la casita, encontraron a Blancanieves en el suelo. No respiraba ni se movía. Los enanitos lloraron amargamente porque la querían con delirio. Por tres días velaron su cuerpo, que seguía conservando su belleza —cutis blanco como la nieve, mejillas y labios rojos como la sangre, y cabellos negros como el azabache.

—No podemos poner su cuerpo bajo tierra —dijeron los enanitos. Hicieron un ataúd de cristal, y colocándola allí, la llevaron a la cima de una montaña. Todos los días los enanitos iban a velarla.

Un día el príncipe, que paseaba en su gran caballo blanco, vio a la bella niña en su caja de cristal y pudo escuchar la historia de labios de los enanitos. Se enamoró de Blancanieves y logró que los enanitos le permitieran llevar el cuerpo al palacio donde prometió adorarla siempre. Pero cuando movió la caja de cristal tropezó y el pedazo de manzana que había comido Blancanieves se desprendió de su garganta. Ella despertó de su largo sueño y se sentó. Hubo gran regocijo, y los enanitos bailaron alegres mientras Blancanieves aceptaba ir al palacio y casarse con el príncipe.

RUMPELSTILTSKIN

Cuentan que en un tiempo muy lejano el rey decidió pasear por sus dominios, que incluían una pequeña aldea en la que vivía un molinero junto con su bella hija. Al interesarse el rey por ella, el molinero mintió para darse importancia:

—Además de bonita, es capaz de convertir la paja en oro hilándola con una rueca.

El rey, francamente contento con dicha cualidad de la muchacha, no lo dudó un instante y la llevó con él a palacio.

Una vez en el castillo, el rey ordenó que condujesen a la hija del molinero a una habitación repleta de paja, donde había también una rueca:

—Tienes hasta el alba para demostrarme que tu padre decía la verdad y convertir esta paja en oro. De lo contrario, serás desterrada.

La pobre niña lloró desconsolada, pero he aquí que apareció un estrafalario enano que le ofreció hilar la paja en oro a cambio de su collar. La hija del molinero le entregó la joya y... zis-zas, zis-zas, el enano hilaba la paja que se iba convirtiendo en oro en las canillas, hasta que no quedó ni una brizna de paja y la habitación refulgía por el oro.

Cuando el rey vio la proeza, guiado por la avaricia, espetó:

—Veremos si puedes hacer lo mismo en esta habitación.

Y le señaló una estancia más grande y más repleta de paja que la del día anterior.

La muchacha estaba desesperada, pues creía imposible cumplir la tarea pero, como el día anterior, apareció el enano saltarín:

—¿Qué me das si hilo la paja para convertirla en oro? —preguntó al hacerse visible.

—Sólo tengo esta sortija. —Dijo la doncella tendiéndole el anillo.

—Empecemos pues, —respondió el enano.

Y zis-zas, zis-zas, toda la paja se convirtió en oro hilado. Pero la codicia del rey no tenía fin, y cuando comprobó que se habían cumplido sus órdenes, anunció:

—Repetirás la hazaña una vez más, si lo consigues, te haré mi esposa.

Pues pensaba que, a pesar de ser hija de un molinero, nunca encontraría mujer con dote mejor. Una noche más lloró la muchacha, y de nuevo apareció el grotesco enano:

—¿Qué me darás a cambio de solucionar tu problema? —Preguntó, saltando, a la chica.

No tengo más joyas que ofrecerte, —y pensando que esta vez estaba perdida, gimió desconsolada.

—Bien, en ese caso, me darás tu primer hijo, —demandó el enanillo.

Aceptó la muchacha:

—Quién sabe cómo irán las cosas en el futuro. —Dijo para sus adentros.

Y como ya había ocurrido antes, la paja se iba convirtiendo en oro a medida que el extraño ser la hilaba. Cuando el rey entró en la habitación, sus ojos brillaron más aún que el oro que estaba contemplando, y convocó a sus súbditos para la celebración de los esponsales.

Vivieron ambos felices y al cabo de una año, tuvieron un precioso retoño. La ahora reina había olvidado el incidente con la rueca, la paja, el oro y el enano, y por eso se asustó enormemente cuando una noche apareció el duende saltarín reclamando su recompensa.

—Por favor, enano, por favor, ahora poseo riqueza, te daré todo lo que quieras.

—¿Cómo puedes comparar el valor de una vida con algo material? Quiero a tu hijo, —exigió el desaliñado enano.

Pero tanto rogó y suplicó la mujer, que conmovió al enano:

—Tienes tres días para averiguar cuál es mi nombre, si lo aciertas, dejaré que te quedes con el niño. Por más que pensó y se devanó los sesos la molinerita para buscar el nombre del enano, nunca acertaba la respuesta correcta.

Al tercer día, envió a sus exploradores a buscar nombres diferentes por todos los confines del mundo. De vuelta, uno de ellos contó la anécdota de un duende al que había visto saltar a la puerta de una pequeña cabaña cantando:

Hoy tomo vino, y mañana cerveza,
después al niño sin falta traerán.
Nunca, se rompan o no la cabeza,
el nombre Rumpelstiltskin adivinarán!

Cuando volvió el enano la tercera noche, y preguntó su propio nombre a la reina, ésta le contestó:

—¡Te llamas Rumpelstiltskin!

—¡No puede ser! —gritó él,— ¡no lo puedes saber! ¡Te lo ha dicho el diablo!

Y tanto y tan grande fue su enfado, que dio una patada en el suelo que le dejó la pierna enterrada hasta la mitad, y cuando intentó sacarla, el enano se partió por la mitad.

EL PRÍNCIPE RANA

En aquellos tiempos, cuando se cumplían todavía los deseos, vivía un rey, cuyas hijas eran todas muy hermosas, pero la más pequeña era más hermosa que el mismo sol, que cuando la veía se admiraba de reflejarse en su rostro. Cerca del palacio del rey había un bosque grande y espeso, y en el bosque, bajo un viejo lilo, había una fuente; cuando hacía mucho calor, iba la hija del rey al bosque y se sentaba a la orilla de la fresca fuente; cuando iba a estar mucho tiempo, llevaba una bola de oro, que tiraba a lo alto y la volvía a tomar, siendo este su juego favorito.

Pero sucedió una vez que la bola de oro de la hija del rey no cayó en sus manos, cuando la tiró a lo alto, sino que fue a parar al suelo y de allí rodó al agua. La hija del rey la siguió con los ojos, pero la bola desapareció, y la fuente era muy honda, tan honda que no se veía su fondo. Entonces comenzó a llorar, y lloraba cada vez más alto y no podía consolarse. Y cuando se lamentaba así, la dijo una voz:

—¿Qué tienes, hija del rey, que te lamentas de forma que puedes enternecer a una piedra?

Miró entonces a su alrededor, para ver de dónde salía la voz, y vio una rana que sacaba del agua su asquerosa cabeza:

—¡Ah! ¿eres tú, vieja azotacharcos? —la dijo—; lloro por mi bola de oro, que se me ha caído a la fuente.

—Tranquilízate y no llores —la contestó la rana—; yo puedo sacártela, pero ¿qué me das, si te devuelvo tu juguete?

—Lo que quieras, querida rana —la dijo—; mis vestidos, mis perlas y piedras preciosas y hasta la corona dorada que llevo puesta.

La rana contestó:

—Tus vestidos, tus perlas y piedras preciosas y tu corona de oro no me sirven de nada; pero si me prometes amarme y tenerme a tu lado como amiga y compañera en tus juegos, sentarme contigo a tu mesa, darme de beber en tu vaso de oro, de comer en tu plato y acostarme en tu cama, yo bajaré al fondo de la fuente y te traeré de vuelta tu bola de oro.

—¡Ah! —la dijo—; te prometo todo lo que quieras, si me devuelves mi bola de oro.

Pero pensó para sí: «¡Cómo habla esa pobre rana! Porque canta en el agua entre sus iguales, se figura que puede ser compañera de los hombres.»

La rana, en cuanto hubo obtenido la promesa, hundió su cabeza en el agua, bajó al fondo y un rato después apareció de nuevo, llevando en la boca la bola, que arrojó en la yerba. La hija del rey, llena de alegría en cuanto vio su hermoso juguete, le cogió y se marchó con él saltando.

—¡Espera, espera! —la gritó la rana—. Llévame contigo; yo no puedo correr como tú.

Pero de poco la sirvió gritar lo más alto que pudo, pues la princesa no la hizo caso, corrió hacia su casa y olvidó muy pronto a la pobre rana, que tuvo que quedarse en su fuente.

Al día siguiente, cuando se sentó a la mesa con el rey y los cortesanos, y cuando comía en su plato de oro, oyó subir una cosa, por la escalera de mármol, que cuando llegó arriba, llamó a la puerta y dijo:

—Hija del rey, la más pequeña, ábreme.

Se levantó la princesa e intento ver quién estaba fuera; pero, en cuanto abrió, vio a la rana en su presencia. Cerró

la puerta corriendo, se sentó en seguida a la mesa y se puso muy triste. El rey al ver su tristeza la preguntó:

—Hija mía, ¿qué tienes? ¿hay a la puerta algún gigante y viene a llevarte?

—¡Ah, no! —contestó—; no es ningún gigante, sino una fea rana.

—¿Qué te quiere la rana?

—¡Ay, amado padre! Cuando estaba yo ayer jugando en el bosque, junto a la fuente, se me cayó al agua mi bola de oro. Y como yo lloraba, fue a buscarla la rana, después de haberme exigido promesa de que sería mi compañera; pero nunca creí que pudiera salir del agua. Ahora ha salido ya y quiere entrar.

Entre tanto llamaba por segunda vez diciendo:

—Hija del rey, la más pequeña, ábreme; ¿no sabes lo que me dijiste ayer junto a la fría agua de la fuente? Hija del rey, la más pequeña, ábreme.

Entonces dijo el rey:

—Debes cumplir lo que la has prometido, ve y ábrela.

Fue y abrió la puerta y entró la rana, yendo siempre junto a sus pies hasta llegar a su silla. Se colocó allí y dijo:

—Ponme encima de ti.

La niña vaciló hasta que lo mandó el rey. Pero cuando la rana estuvo ya en la silla:

—Quiero subir encima de la mesa —y así que la puso allí, dijo—: Ahora aproximame tu plato dorado, para que podamos comer juntas.

Hízolo en seguida; pero se vio bien que no lo hacía de buena gana. La rana comió mucho, pero dejaba casi la mitad de cada bocado. Al fin dijo:

—Estoy harta y cansada, llévame a tu cuartito y échame en tu cama y dormiremos juntas.

La hija del rey comenzó a llorar y receló que no podría descansar junto a la fría rana, que quería dormir en su hermoso y limpio lecho. Pero el sapo se disgustó y dijo:

—No debes despreciar al que te ayudó cuando te encontrabas en la necesidad.

Entonces la cogió con sus dos dedos, la llevó y la puso en un rincón. Pero en cuanto estuvo en la cama, se arrimó la rana arrastrando y la dijo:

—Estoy cansada, quiero dormir tan bien como tú; súbeme, o se lo digo a tu padre.

La princesa se incomodó entonces mucho, la cogió y la tiró contra la pared con todas sus fuerzas.

—Ahora descansarás, rana asquerosa.

Pero cuando cayó al suelo la rana se convirtió en el hijo de un rey con ojos hermosos y amables, que fue desde entonces, por la voluntad de su padre, su querido compañero y esposo y la contó que había sido encantado por una mala hechicera y que nadie podía sacarle de la fuente más que ella sola y que al día siguiente se marcharían a su país.

Entonces durmieron hasta el otro día y en cuanto salió el sol se metieron en un coche tirado por siete caballos blancos que llevaban plumas blancas en la cabeza y tenían por riendas cadenas de oro; detrás iba el criado del joven rey, que era el fiel Enrique. El fiel Enrique se afligió tanto cuando su señor fue convertido en rana, que se había puesto tres varillas de hierro encima del corazón para que no saltase del dolor y la tristeza. Pero el joven rey debía hacer el viaje en su coche: el fiel Enrique subió después de ambos, se colocó detrás de ellos e iba lleno de alegría por la libertad de su amo. Y cuando hubieron andado un poco del camino oyó el hijo del rey una cosa que sonaba detrás, como si se rompiera algo. Entonces se volvió y dijo:

—¿Enrique, se ha roto el coche?

—No señor, no se rompió, es tan solo una varilla, de las que en mi corazón para impedir se saltase por la pena y el dolor puse, mientras en la fuente estabais, cual rana, vos.

Todavía volvió a sonar otra vez y otra vez en el camino y el hijo del rey creía siempre que se rompía el coche, y eran las varillas que saltaban del corazón del fiel Enrique porque su señor era libre y feliz.

JUAN SIN MIEDO

Un labrador tenía dos hijos, el mayor de los cuales era muy listo y entendido, y sabía muy bien a qué atenerse en todo, pero el menor era tonto y no entendía ni aprendía nada, y cuando le veían las gentes decían:

—Trabajo tiene su padre con él.

Cuando había algo que hacer, tenía siempre que mandárselo al mayor, pero si su padre le mandaba algo siendo de noche, o le enviaba al oscurecer cerca del cementerio, o siendo ya oscuro al camino o cualquier otro lugar sombrío, le contestaba siempre:

—¡Oh!, no, padre, yo no voy allí: ¡tengo miedo! Pues era muy miedoso.

Si por la noche relataban algún cuento alrededor de la lumbre, en particular si era de espectros y fantasmas, decían todos los que le oían:

—¡Qué miedo!

Pero el menor, que estaba en un rincón escuchándolos no podía comprender lo que querían decir:

—Siempre dicen ¡miedo, miedo!, yo no sé lo que es miedo: ese debe ser algún oficio del que no entiendo una palabra.

Mas un día le dijo su padre:

—Oye tú, el que está en el rincón: ya eres hombre y tienes fuerzas bastantes para aprender algo con que ganarte la vida. Bien ves cuánto trabaja tu hermano, pero tú no haces más que perder el tiempo.

—¡Ay padre!, le contestó, yo aprendería algo de buena

gana, y sobre todo quisiera aprender lo que es miedo, pues de lo contrario no quiero saber nada.

Su hermano mayor se echó a reír al oírle, y dijo para sí:

—¡Dios mío, qué tonto es mi hermano!, nunca llegará a ganarse el sustento.

Su padre suspiró y le contestó:

—Ya conocerás lo que es miedo: más no por eso te ganarás la vida.

Poco después fue el sacristán de visita, y le refirió el padre lo que pasaba, diciéndole cómo su hijo menor se daba tan mala maña para todo y que no sabía ni aprendía nada.

—¿Podréis creer que cuando le he preguntado si quería aprender algo para ganarse su vida, me contestó que solo quería saber lo que es miedo?

—Si no es más que eso, le respondió el sacristán, yo se lo enseñaré: enviádmele a mi casa, y no tardará en saberlo.

El padre se alegró mucho, pues pensó entre sí:

—Ahora quedará un poco menos orgulloso.

El sacristán se le llevó a su casa para enviarle a tocar las campanas. A los dos días le despertó a media noche, le mandó levantarse, subir al campanario y tocar las campanas.

—Ahora sabrás lo que es miedo, dijo para sí.

Salió tras él, y cuando el joven estaba en lo alto del campanario, e iba a coger la cuerda de la campana, se puso en medio de la escalera, frente a la puerta, envuelto en una sábana blanca.

—¿Quién está ahí?, preguntó el joven.

Pero la fantasma no contestó ni se movió.

—Responde, o te hago volver por dónde has venido, tú no tienes nada que hacer aquí a estas horas de la noche. Pero el sacristán continuó inmóvil, para que el joven creyese que era un espectro. El joven le preguntó por segunda:

—¿Quién eres?, habla, si eres un hombre honrado, o si no te hago rodar por la escalera abajo.

El sacristán creyó que no haría lo que decía y estuvo sin respirar como si fuese de piedra. Entonces le preguntó el

joven por tercera vez, y como estaba ya incomodado, dio un salto y echó a rodar al espectro por la escalera abajo de modo que rodó diez escalones y fue a parar a un rincón. En seguida tocó las campanas, y se fue a su casa, se acostó sin decir una palabra y se durmió. La mujer del sacristán esperó un largo rato a su marido; pero no volvía. Llena entonces de recelo, llamó al joven y le preguntó:

—¿No sabes dónde se encuentra mi marido?, ha subido a la torre detrás de ti.

—No, contestó el joven, pero allí había uno en la escalera frente a la puerta, y como no ha querido decirme palabra ni marcharse, he creído que iba a burlarse de mí y le he tirado por la escalera abajo. Id allí y veréis si es él, pues lo sentiría.

La mujer fue corriendo; y halló a su marido que estaba en un rincón y se quejaba porque tenía una pierna rota.

Se le llevó en seguida a su casa y fue corriendo a la del padre del joven.

—Vuestro hijo, exclamó, me ha causado una desgracia muy grande, ha tirado a mi marido por las escaleras y le ha roto una pierna; ese es el pago que nos ha dado el bribón.

Su padre se asustó, fue corriendo y llamó al joven.

—¿Qué mal pensamiento te ha dado para hacer esa picardía?

—Padre, le contestó, escuchadme, pues soy inocente. Era de noche y estaba allí como un alma del otro mundo. Ignoraba quién era, y le he mandado tres veces hablar o marcharse.

—¡Ay!, replicó su padre, solo me ocasionas disgustos: vete de mi presencia, no quiero volverte a ver más.

—Bien, padre con mucho gusto, pero esperad a que sea de día, yo iré y sabré lo que es miedo, así aprenderé un oficio con que poderme sostener.

—Aprende lo que quieras, le dijo su padre, todo me es indiferente.

Ahí tienes cinco duros para que no te falte por ahora que comer, márchate y no digas a nadie de dónde eres, ni quién es tu padre, para que no tenga que avergonzarme de ti.

—Bien, padre, haré lo que queréis, no tengáis cuidado por mí.

Como era ya de día se quedó el joven con sus cinco duros en el bolsillo, y echó a andar por el camino real, diciendo constantemente:

—¿Quién me enseña lo que es miedo? ¿Quién me enseña lo que es miedo?

Entonces encontró un hombre que oyó las palabras que decía el joven para sí, y cuando se hubieron retirado un poco hacia un sitio que se veía una horca, le dijo:

—Mira, allí hay siete pobres a los que por sus muchos pecados han echado de la tierra y no quieren recibir en el cielo; por eso ves que están aprendiendo a volar; ponte debajo de ellos, espera a que sea de noche, y sabrás lo que es miedo.

—Si no es más que eso, dijo el joven, lo haré con facilidad; pero no dejes de enseñarme lo que es miedo y te daré mis cinco duros; vuelve a verme por la mañana temprano.

Entonces fue el joven a donde estaba la horca, se puso debajo y esperó a que fuera de noche, y como tenía frío encendió lumbre; pero a media noche era el aire tan frío que no le servía de nada la lumbre; y como al aire hacía moverse a los cadáveres y chocar entre sí, creyó que teniendo frío él que estaba al lado del fuego, mucho más debían tener los que estaban más lejos, por lo que procuraban reunirse para calentarse, y como era muy compasivo, cogió la escalera, subió y los descolgó uno tras otro hasta que bajó a todos siete. En seguida puso más leña en el fuego, sopló y los colocó alrededor para que se pudiesen calentar. Pero como no se movían y la lumbre no hacía ningún efecto en sus cuerpos, les dijo:

—Mirad lo que hacéis, porque si no vuelvo a colgaros.

Pero los muertos no le oían, callaban y continuaban sin hacer movimiento alguno. Incomodado, les dijo entonces:

—Ya que no queréis hacerme caso, después que me he propuesto ayudaros, no quiero que os calentéis más.

Y los volvió a colgar uno tras otro. Entonces se echó al lado del fuego y se durmió, y a la mañana siguiente cuando vino el hombre, quería que le diese los cinco duros; pues le dijo:

—¿Ahora ya sabrás lo que es miedo?

—No, respondió, ¿por qué lo he de saber? Los que están ahí arriba tienen la boca bien cerrada, y son tan tontos, que no quieren ni aun calentarse.

Entonces vio el hombre que no estaba el dinero para él y se marchó diciendo:

—Con este no me ha ido muy bien.

El joven continuó su camino y comenzó otra vez a decir:

—¿Quién me enseñará lo que es miedo?, ¿quién me enseñará lo que es miedo?

Oyéndolo un carretero que iba tras él, le preguntó:

—¿Quién eres?

—No lo sé, le contestó el joven.

—¿De dónde eres?, continuó preguntándole el carretero.

—No lo sé.

—¿Quién es tu padre?

—No puedo decirlo.

—¿En qué vas pensando?

—¡Ah!, respondió el joven, quisiera encontrar quien me enseñase lo que es miedo, pero nadie quiere enseñármelo.

—No digas tonterías, replicó el carretero, ven conmigo, ven conmigo, y veré si puedo conseguirlo.

El joven continuó caminando con el carretero y por la noche llegaron a una posada, donde acordaron quedarse. Pero apenas llegó a la puerta, comenzó a decir en alta voz:

—¿Quién me enseña lo que es miedo?, ¿quién me enseña lo que es miedo?

El posadero al oírle se echó a reír diciendo:

—Si quieres saberlo; aquí te se presentará una buena ocasión.

—Calla, le dijo la posadera, muchos temerarios han perdido ya la vida, y sería lástima que esos hermosos ojos no volvieran a ver la luz más.

Pero el joven la contestó:

—Aunque me sucediera otra cosa peor, quisiera saberlo, pues ese es el motivo de mi viaje.

No dejó descansar a nadie en la posada hasta que le dijeron que no lejos de allí había un castillo arruinado, donde podría saber lo que era miedo con solo pasar en él tres noches.

El rey había ofrecido por mujer a su hija, que era la doncella más hermosa que había visto el sol, al que quisiese hacer la prueba. En el castillo había grandes tesoros, ocultos que estaban guardados por los malos espíritus, los cuales se descubrían entonces, y eran suficientes para hacer rico a un pobre. A la mañana siguiente se presentó el joven al rey, diciéndole que si se lo permitía pasaría tres noches en el castillo arruinado.

El rey le miró y como le agradase, le dijo:

—Puedes llevar contigo tres cosas, con tal que no tengan vida, para quedarte en el castillo.

El joven le contestó:

—Pues bien, concededme llevar leña para hacer lumbre, un torno y un tajo con su cuchilla.

El rey le dio todo lo que había pedido. En cuanto fue de noche entró el joven en el castillo, encendió en una sala un hermoso fuego, puso al lado el tajo con el cuchillo, y se sentó en el torno.

—¡Ah!, ¡si me enseñaran lo que es miedo!, dijo; pero aquí tampoco lo aprenderé.

Hacia media noche se puso a atizar el fuego y cuando estaba soplando oyó de repente decir en un rincón:

—¡Miau!, ¡miau!, ¡frío tenemos!

—Locos, exclamó, ¿por qué gritáis?, si tenéis frío, venid, sentaos a la lumbre, y calentaos.

Y apenas hubo dicho esto, vio dos hermosos gatos negros, que se pusieron a su lado y le miraban con sus ojos de fuego; al poco rato, en cuanto se hubieron calentado, dijeron:

—Camarada, ¿quieres jugar con nosotros a las cartas?

—¿Por qué no?, les contestó; pero enseñadme primero las patas.

—Entonces extendieron sus manos.

—¡Ah!, les dijo, ¡qué uñas tan largas tenéis!, aguardad a que os las corte primero.

Entonces los cogió por los pies, los puso en el tajo y los aseguró bien por las patas.

—Ya os he visto las uñas, les dijo, ahora no tengo ganas de jugar.

Los mató y los tiró al agua. Pero a poco de haberlos tirado, iba a sentarse a la lumbre, cuando salieron de todos los rincones y rendijas una multitud de gatos y perros negros con cadenas de fuego; eran tantos en número que no se podían contar; gritaban horriblemente, rodeaban la lumbre, tiraban de él y le querían arañar. Los miró un rato con la mayor tranquilidad, y así que se incomodó cogió su cuchillo, exclamando:

—Marchaos, canalla.

Y se dirigió hacia ellos.

Una parte escapó y a la otra la mató y la echó al estanque. En cuanto concluyó su tarea se puso a soplar la lumbre y volvió a calentarse. Y apenas estuvo sentado, comenzaron a cerrársele los ojos y tuvo ganas de dormir. Miró a su alrededor, y vio en un rincón una hermosa cama.

—Me viene muy bien, dijo.

Y se echó en ella.

Pero cuando iban a cerrársele los ojos, comenzó a andar la cama por sí misma y a dar vueltas alrededor del cuarto.

—Tanto mejor, dijo, tanto mejor.

Y la cama continuó corriendo por los suelos y escaleras como si tiraran de ella seis caballos. Mas de repente cayó, quedándose él debajo y sintiendo un peso como si tuviera una montaña encima, pero levantó las colchas y almohadas y se puso en pie diciendo:

—No tengo ganas de andar.

Se sentó junto al fuego y se durmió hasta el otro día. El rey vino a la mañana siguiente, y como le vio caído en el suelo creyó que los espectros habían dado fin con él y que estaba muerto. Entonces dijo:

—¡Qué lastima de hombre!, ¡tan buen mozo!

El joven al oírle, se levantó y le contestó:

—Aún no hay por qué tenerme lástima.

El rey, admirado, le preguntó cómo le había ido.

—Muy bien, le respondió, ya ha pasado una noche, las otras dos vendrán y pasarán también.

Cuando volvió a la casa le miró asombrado el posadero:

—Temía, dijo, no volverte a ver vivo; ¿sabes ya lo que es miedo?

—No, contestó, todo es inútil, si no hay alguien que quiera enseñármelo.

A la segunda noche fue de nuevo al castillo, se sentó a la lumbre, y comenzó su vieja canción:

—¿Quién me enseña lo que es miedo?

A la media noche comenzaron a oírse ruidos y golpes, primero débiles, después más fuertes, y por último cayó por la chimenea con mucho ruido la mitad de un hombre, quedándose delante de él.

—Hola, exclamó, todavía falta el otro medio, esto es muy poco.

Entonces comenzó el ruido de nuevo: parecía que tronaba, y se venía el castillo abajo y cayó la otra mitad.

—Espera, le dijo, encenderé un poco el fuego.

Apenas hubo concluido y miró a su alrededor, vio que se habían unido las dos partes, y que un hombre muy horrible se había sentado en su puesto.

—Nosotros no hemos apostado, dijo el joven, el banco es mío.

El hombre no le quiso dejar sentar, pero el joven le levantó con todas sus fuerzas y se puso de nuevo en su lugar. Entonces cayeron otros hombres uno después de otro, que cogieron nueve huesos y dos calaveras y se pusieron a jugar a los bolos. El joven, alegrándose, les dijo:

—¿Puedo ser de la partida?

—Sí, si tienes dinero.

—Y bastante, les contestó, pero vuestras bolas no son bien redondas.

Entonces cogió una calavera, la puso en el torno y la redondeó.

—Así están mejor, les dijo; ahora vamos.

Jugó con ellos y perdió algún dinero; mas en cuanto dieron las doce todo desapareció de sus ojos. Se echó y durmió con la mayor tranquilidad. A la mañana siguiente fue el rey a informarse.

—¿Cómo lo has pasado?, le preguntó.

—He jugado y perdido un par de pesetas, le contestó.

—¿No has tenido miedo?

—Por el contrario, me he divertido mucho. ¡Ojalá supiera lo que es miedo!

A la tercera noche se sentó de nuevo en su banco y dijo incomodado:

—¿Cuándo sabré lo que es miedo?

En cuanto comenzó a hacerse tarde se le presentaron seis hombres muy altos que traían una caja de muerto.

—¡Ay!, les dijo, este es de seguro mi primo, que ha muerto hace un par de días.

Hizo señal con la mano y dijo:

—Ven, primito, ven.

Pusieron el ataúd en el suelo, se acercó a él y levantó la tapa; había un cadáver dentro. Le tentó la cara, pero estaba fría como el hielo.

—Espera, dijo, te calentaré un poco.

Fue al fuego, calentó su mano, y se la puso en el rostro, pero el muerto permaneció frío. Entonces le cogió en brazos, le llevó a la lumbre y le puso encima de sí y le frotó los brazos para que la sangre se le pusiese de nuevo en movimiento. Como no conseguía nada, se le ocurrió de pronto:

—Si me meto con él en la cama, se calentará.

—Se llevó al muerto a la cama, le tapó y se echó a un lado. Al poco tiempo estaba el muerto caliente y comenzó a moverse. Entonces, dijo el joven:

—Mira, hermanito, ya te he calentado.

Pero el muerto se levantó diciendo:

—Ahora quiero estrangularte.

—¡Hola!, le contestó, ¿son esas las gracias que me das? ¡Pronto volverás a tu caja!

Le cogió, le metió dentro de ella y cerró; entonces volvieron los seis hombres y se le llevaron de allí.

—No me asustarán, dijo; aquí no aprendo yo a ganarme la vida.

Entonces entró un hombre que era más alto que los otros y tenía un aspecto horrible, pero era viejo y tenía una larga barba blanca.

—¡Ah, malvado, pronto sabrás lo que es miedo, pues vas a morir!

—No tan pronto, contestó el joven.

—Yo te quiero matar, dijo el hechicero.

—Poco a poco, eso no se hace tan fácilmente, yo soy tan fuerte como tú y mucho más todavía.

—Eso lo veremos, dijo el anciano; ven, intentemos.

Entonces le condujo a un corredor muy oscuro, junto a una fragua, cogió un hacha y dio en un yunque, que metió de un golpe en la tierra.

—Eso lo hago yo mucho mejor, dijo el joven.

Y se dirigió a otro yunque; el anciano se puso a su lado para verle, y su barba tocaba en la bigornia. Entonces cogió el joven el hacha, abrió el yunque de un golpe y clavó dentro la barba del anciano.

—Ya eres mío, le dijo, ahora morirás tú.

Entonces cogió una barra de hierro y comenzó a pegar con ella al anciano hasta que comenzó a quejarse y le ofreció, si le dejaba libre, darle grandes riquezas. El joven soltó el hacha y le dejó en libertad. El anciano le condujo de nuevo al castillo y le enseñó tres cofres llenos de oro, que había en una cueva.

—Una parte es de los pobres, la otra del rey y la tercera tuya.

Entonces dieron las doce y desapareció el espíritu, quedando el joven en la oscuridad.

—Yo me las arreglaré, dijo.

Empezó a andar a tientas, encontró el camino del cuarto y durmió allí junto a la lumbre. A la mañana siguiente volvió el rey y le dijo:

—Ahora ya sabrás lo que es miedo.

—No, le contestó, no lo sé; aquí ha estado mi primo muerto y un hombre barbudo que me ha enseñado mucho dinero, pero no ha podido enseñarme lo que es miedo. Entonces le dijo el rey:

—Tú has desencantado el castillo y te casarás con mi hija.

—Todo eso está bien, le contestó; pero sin embargo, aún no sé lo que es miedo.

Entonces sacaron todo el oro de allí y celebraron las bodas, pero el joven rey, aunque amaba mucho a su esposa y estaba muy contento, no dejaba de decir:

—¿Quién me enseñará lo que es miedo?, ¿quién me enseñará, etc.?

Esto disgustó al fin a su esposa y dijo a sus doncellas:

—Voy a procurar enseñarle lo que es miedo.

Fue al arroyo que corría por el jardín y mandó traer un cubo entero lleno de peces. Por la noche cuando dormía el joven rey, levantó su esposa la ropa y puso el cubo lleno de agua encima de él, de manera que los peces al saltar, dejaban caer algunas gotas de agua. Entonces despertó diciendo.

—¡Ah!, ¿quién me asusta?, ¿quién me asusta, querida esposa? Ahora sé ya lo que es miedo.

EL LOBO Y LAS SIETE CABRITAS

Érase una vez una anciana cabra que tenía siete cabritas, a las que quería tan tiernamente como una madre puede querer a sus hijos. Un día quiso salir al bosque a buscar comida y llamó a sus pequeñuelas. "Hijas mías," les dijo, "me voy al bosque; mucho ojo con el lobo, pues si ingresa en la casa os devorará a todas sin dejar ni un pelo. El muy bribón suele disfrazarse, pero lo conoceréis enseguida por su bronca voz y sus negras patas." Las cabritas respondieron: "Tendremos mucho cuidado, madrecita. Podéis marcharos tranquila." Despidióse la vieja con un berrido y, confiada, emprendió su camino.

No había transcurrido mucho tiempo cuando llamaron a la puerta y una voz dijo: "Abrid, hijitas. Soy vuestra madre, que estoy de vuelta y os traigo algo para cada una." Pero las cabritas comprendieron, por lo rudo de la voz, que era el lobo. "No te abriremos," exclamaron, "no eres nuestra madre. Ella tiene una voz suave y cariñosa, y la tuya es bronca: eres el lobo." Fuese éste a la tienda y se compró un buen trozo de yeso. Se lo comió para suavizarse la voz y regresó a la casita. Llamando nuevamente a la puerta: "Abrid hijitas," dijo, "vuestra madre os trae algo a cada una." Pero el lobo había puesto una negra pata en la ventana, y al verla las cabritas, exclamaron: "No, no te abriremos; nuestra madre no tiene las patas negras como tú. ¡Eres el lobo!" Corrió entonces el muy bribón a un tahonero y le dijo: "Mira, me he lastimado un pie; úntamelo con un poco de pasta." Untada que tuvo ya la pata, fue al encuentro del molinero: "Échame harina blanca en el pie," díjole. El molinero, comprendiendo que el lobo tramaba alguna tropelía, negóse al principio, pero la fiera lo amenazó: "Si no lo haces, te devoro." El hombre, asustado, le blanqueó la pata. Sí, así es la gente

Volvió el rufián por tercera vez a la puerta y, llamando, dijo: "Abrid, pequeñas; es vuestra madrecita querida, que está de regreso y os trae buenas cosas del bosque." Las

cabritas replicaron: "Enséñanos la pata; queremos asegurarnos de que eres nuestra madre." La fiera puso la pata en la ventana, y, al ver ellas que era blanca, creyeron que eran verdad sus palabras y se apresuraron a abrir. Pero fue el lobo quien entró. ¡Qué sobresalto, Dios mío! ¡Y qué prisas por esconderse todas! Metióse una debajo de la mesa; la otra, en la cama; la tercera, en el horno; la cuarta, en la cocina; la quinta, en el armario; la sexta, debajo de la fregadera, y la más pequeña, en la caja del reloj. Pero el lobo fue descubriéndolas una tras otra y, sin gastar cumplidos, se las engulló a todas menos a la más pequeñita que, oculta en la caja del reloj, pudo escapar a sus pesquisas. Ya harto y satisfecho, el lobo se alejó a un trote ligero y, llegado a un verde prado, tumbóse a dormir a la sombra de un árbol.

Al cabo de poco regresó a casa la anciana cabra. ¡Santo Dios, lo que vio! La puerta, abierta de par en par; la mesa, las sillas y bancos, todo volcado y revuelto; la jofaina, rota en mil pedazos; las mantas y almohadas, por el suelo. Buscó a sus hijitas, pero no aparecieron por ninguna parte; llamólas a todas por sus nombres, pero ninguna contestó. Hasta que llególe la vez a la última, la cual, con vocecita queda, dijo: "Madre querida, estoy en la caja del reloj." Sacóla la cabra, y entonces la pequeña le contó que había venido el lobo y se había comido a las demás. ¡Imaginad con qué desconsuelo lloraba la madre la pérdida de sus hijitas.

Cuando ya no le quedaban más lágrimas, salió al campo en compañía de su pequeña, y, al llegar al prado, vio al lobo dormido debajo del árbol, roncando tan fuertemente que hacía temblar las ramas. Al observarlo de cerca, parecióle que algo se movía y agitaba en su abultada barriga. ¡Válgame Dios! pensó, ¿si serán mis pobres hijitas, que se las ha merendado y que están vivas aún? Y envió a la pequeña a casa, a toda prisa, en busca de tijeras, aguja e hilo. Abrió la panza del monstruo, y apenas había empezado a cortar cuando una de las cabritas asomó la cabeza. Al seguir cortando saltaron las seis afuera, una tras otra, todas vivitas y sin daño alguno, pues la bestia, en su glotonería, las había engullido enteras. ¡Allí era de ver su regocijo! ¡Con cuánto cariño abrazaron a su mamaíta, brincando como sastre en bodas! Pero la cabra dijo: "Traedme ahora piedras; llenaremos con ellas la panza de esta condenada bestia, aprovechando que duerme." Las siete cabritas corrieron en busca de piedras y las fueron introduciendo en la barriga, hasta que ya no cupieron más. La madre cosió la piel con tanta presteza y suavidad, que la fiera no se dio cuenta de nada ni hizo el menor movimiento.

Acabada ya su siesta, el lobo se levantó, y, como los guijarros que le llenaban el estómago le diesen mucha sed, encaminóse a un pozo para beber. Mientras andaba, moviéndose de un lado a otro, los guijarros de su panza chocaban entre sí con gran ruido, por lo que exclamó:

"¿Qué será este ruido que suena en mi barriga? Pensé que eran seis cabritas mas ahora me parecen chinitas."

Al llegar al pozo e inclinarse sobre el brocal, el peso de las piedras lo arrastró y lo hizo caer al fondo, donde se ahogó miserablemente. Viéndolo las cabritas, acudieron corriendo y gritando jubilosas: "¡Muerto está el lobo! ¡Muerto está el lobo!" Y, con su madre, pusiéronse a bailar en corro en torno al pozo.

EL PESCADOR Y SU MUJER

Había una vez un pescador que vivía con su mujer en una choza, a la orilla del mar. El pescador iba todos los días a echar su anzuelo, y le echaba y le echaba sin cesar.

Estaba un día sentado junto a su caña en la ribera, con la vista dirigida hacia su límpida agua, cuando de repen-

te vio hundirse el anzuelo y bajar hasta lo más profundo y al sacarle tenía en la punta un barbo muy grande, el cual le dijo:

—Te imploro que no me quites la vida; no soy un barbo verdadero, soy un príncipe encantado; ¿de qué te serviría matarme si no puedo serte de mucho regalo? Échame al agua y déjame nadar.

—Ciertamente, le dijo el pescador, no tenías necesidad de hablar tanto, pues no haré tampoco otra cosa que dejar nadar a sus anchas a un barbo que sabe hablar.

Le echó al agua y el barbo se sumergió en el fondo, dejando tras sí una larga huella de sangre.

El pescador se fue a la choza con su mujer:

—Marido mío, le dijo, ¿no has cogido hoy nada?

—No, contestó el marido; he cogido un barbo que me ha dicho ser un príncipe encantado y le he dejado nadar lo mismo que antes.

—¿No le has pedido nada para ti? —replicó la mujer.

—No, repuso el marido; ¿y qué había de pedirle?

—¡Ah! —respondió la mujer; es tan triste, es tan triste vivir siempre en una choza tan sucia e infecta como esta; hubieras debido pedirle una casa pequeñita para nosotros; vuelve y llama al barbo, dile que quisiéramos tener una casa pequeñita, pues nos la dará de seguro.

—¡Ah! —dijo el marido, ¿y por qué he de volver?

—¿No le has cogido, continuó la mujer, y dejado nadar como antes? Pues lo harás; ve corriendo.

El marido no hacía mucho caso; sin embargo, fue a la orilla del mar, y cuando llegó allí, la vio toda amarilla y toda verde, se acercó al agua y dijo:

Tararira ondino, tararira ondino,
hermoso pescado, pequeño vecino,

mi pobre Isabel grita y se enfurece,
es preciso darle lo que se merece.

El barbo se acercó a él y le dijo:

—¿Qué deseas?

—¡Ah! —repuso el hombre, hace poco que te he cogido; mi mujer sostiene que hubiera debido pedirte algo. No está contenta con vivir en una choza de juncos, quisiera mejor una casa de madera.

—Puedes volver, le dijo el barbo, pues ya la tiene.

Volvió el marido y su mujer no estaba ya en la choza, pero en su lugar había una casa pequeña, y su mujer estaba a la puerta sentada en un banco. Le cogió de la mano y le dijo:

—Entra y observa: esto es mucho mejor.

Entraron los dos y hallaron dentro de la casa una bonita sala y una alcoba donde estaba su lecho, un comedor y una cocina con su espetera de cobre y estaño muy reluciente,

y todos los demás utensilios completos. Detrás había un patio pequeño con gallinas y patos, y un canastillo con legumbres y frutas.

—¿Ves, le dijo la mujer, qué bonito es esto?

—Sí, la dijo el marido; si vivimos siempre aquí, seremos muy felices.

—Veremos lo que nos conviene, replicó la mujer.

Después comieron y se acostaron.

Continuaron así durante ocho o quince días, pero al fin dijo la mujer: —¡Escucha, marido mío: esta casa es demasiado estrecha, y el patio y el huerto son tan pequeños!... El barbo hubiera debido en realidad darnos una casa mucho más grande. Yo quisiera vivir en un palacio de piedra; ve a buscar al barbo; es preciso que nos dé un palacio.

—¡Ah!, mujer, replicó el marido, esta casa es en realidad muy buena; ¿de qué nos serviría vivir en un palacio?

—Anda, dijo la mujer, el barbo puede muy bien hacerlo.

—No, mujer, replicó el marido, el barbo acaba de darnos esta casa, no quiero volver, no me gustaría importunarle.

—Ve, insistió la mujer, puede hacerlo y lo hará con mucho gusto; ve, te digo.

El marido sentía en el alma dar este paso, y no tenía mucha prisa, pues se decía:

—No me parece bien, —pero obedeció sin embargo.

Cuando llegó cerca del mar, el agua tenía un color de violeta y azul oscuro, pareciendo próxima a hincharse; no estaba verde y amarilla como la vez primera; sin embargo, reinaba la más completa calma. El pescador se acercó y dijo:

Tararira ondino, tararira ondino,
hermoso pescado, pequeño vecino,
mi pobre Isabel grita y se enfurece,
es preciso darle lo que se merece.

—¿Qué quiere tu mujer? —dijo el barbo.

—¡Ah! —contestó el marido medio turbado, quiere habitar un palacio grande de piedra.

—Vete, replicó el barbo, la encontrarás a la puerta.

Marchó el marido, creyendo volver a su morada; pero cuando se acercaba a ella, vio en su lugar un gran palacio de piedra. Su mujer, que se hallaba en lo alto de las gradas, iba a entrar dentro; le tomó de la mano y le dijo: —Entra conmigo. —La siguió. Tenía el palacio un inmenso vestíbulo, cuyas paredes eran de mármol; numerosos criados abrían las puertas con grande estrépito delante de sí; las paredes resplandecían con los dorados y estaban cubiertas de hermosas colgaduras; las sillas y las mesas de las habitaciones eran de oro; veíanse suspendidas de los techos millares de arañas de cristal, y había alfombras en todas las salas y piezas; las mesas estaban cargadas de los vinos y manjares más exquisitos, hasta el punto que parecía iban a romperse bajo su peso. Detrás del palacio había un patio muy grande, con establos para las vacas y caballerizas para los caballos y magníficos coches; había además un grande y hermoso jardín, adornado de las flores más hermosas y de árboles frutales, y por último, un parque de lo menos una legua de largo, donde se apreciaban ciervos, gamos, liebres y todo cuanto se pudiera apetecer.

—¿No es muy hermoso todo esto? —dijo la mujer.

—¡Oh!, ¡sí! —repuso el marido; quedémonos aquí y viviremos muy contentos.

—Ya reflexionaremos, dijo la mujer, durmamos primero; comieron y se gentes se acostaron.

A la mañana siguiente despertó la mujer siendo ya muy de día y vio desde su cama la hermosa campiña que se ofrecía a su vista; el marido se estiró al despertarse; diole ella con el codo y le dijo:

—Marido mío, levántate y mira por la ventana; ¿ves?, ¿no podíamos llegar a ser reyes de todo este país? Corre a buscar al barbo y seremos reyes.

—¡Ah!, mujer, repuso el marido, y por qué hemos de ser reyes, yo no tengo ganas de serlo.

—Pues si tú no quieres ser rey, replicó la mujer, yo quiero ser reina. Ve a buscar al barbo, yo quiero ser reina.

—¡Ah!, mujer, insistió el marido; ¿para qué quieres ser reina? Yo no quiero decirle eso.

—¿Y por qué no? —dijo la mujer; ve de inmediato; es necesario que yo sea reina.

El marido fue, pero estaba muy apesadumbrado de que su mujer quisiese ser reina. No me parece bien, no me parece bien en realidad, pensaba para sí. No quiero ir; y fue sin embargo.

Cuando se acercó al mar, estaba de un color gris, el agua subía a borbotones desde el fondo a la superficie y tenía un olor fétido; se adelantó y dijo:

Tararira ondino, tararira ondino,
hermoso pescado, pequeño vecino,
mi pobre Isabel grita y se enfurece;
es preciso darle lo que se merece.

—¿Y qué quiere tu mujer? —dijo el barbo.

—¡Ah! —contestó el marido; quiere ser reina.

—Vuelve, que ya lo es, replicó el barbo.

Partió el marido, y cuando se acercaba al palacio, vio que se había hecho mucho mayor y tenía una torre muy alta decorada con magníficos adornos. A la puerta había guardias de centinela y una multitud de soldados con trompetas y timbales. Cuando entró en el edificio vio por todas partes mármol del más puro, enriquecido con oro, tapices de terciopelo y grandes cofres de oro macizo. Le abrieron las puertas de la sala: toda la corte se encontraba reunida y su mujer estaba sentada en un elevado trono de oro y de diamantes; llevaba en la cabeza una gran corona de oro, tenía en la mano un cetro de oro puro enriquecido de piedras preciosas, y a su lado estaban colocadas en una doble fila seis jóvenes, cuyas estaturas eran tales, que cada una la llevaba la cabeza a la otra. Se adelantó y dijo:

—¡Ah, mujer!, ¿ya eres reina?

—Sí, le contestó, ya soy reina.

Se colocó delante de ella y la miró, y en cuanto la hubo contemplado por un instante, dijo:

—¡Ah, mujer!, ¡qué bueno es que seas reina! Ahora no tendrás ya nada que desear.

—De ningún modo, marido mío, le contestó muy agitada; hace mucho tiempo que soy reina, quiero ser mucho más. Ve a buscar al barbo y dile que ya soy reina, pero que necesito ser emperatriz.

—¡Ah, mujer! —replicó el marido, yo sé que no puede hacerte emperatriz y no me atrevo a decirle eso.

—¡Yo soy reina, dijo la mujer, y tú eres mi marido! Ve, si ha podido hacernos reyes, también podrá hacernos emperadores. Ve, te digo.

Tuvo que marchar; pero al alejarse se hallaba turbado y se decía a sí mismo: No me parece bien. ¿Emperador? Es pedir demasiado y el barbo se molestará.

Pensando esto vio que el agua estaba negra y hervía a borbotones, la espuma subía a la superficie y el viento la levantaba soplando con violencia, se estremeció, pero se acercó y dijo:

Tararira ondino, tararira ondino,
hermoso pescado, pequeño vecino,
mi pobre Isabel grita y se enfurece,
es preciso darle lo que se merece.

—¿Y qué quiere? —dijo el barbo.

—¡Ah, barbo! —le contestó; mi mujer quiere llegar a ser emperatriz.

—Vuelve, dijo el barbo; lo es desde este momento.

Volvió el marido, y cuando estuvo de regreso, todo el palacio era de mármol pulimentado, enriquecido con estatuas de alabastro y adornado con oro. Delante de la puerta había muchas legiones de soldados, que tocaban trompetas, timbales y tambores; en el interior del palacio los barones y los condes y los duques iban y venían en calidad de simples criados, y le abrían las puertas, que eran de oro macizo. En cuanto entró, vio a su mujer sentada en un trono de oro de una sola pieza y de más de mil pies de alto, llevaba una enorme corona de oro de cinco codos, guarnecida de brillantes y carbunclos; en una mano tenía el cetro y en la otra el globo imperial; a un lado estaban sus guardias en dos filas, más pequeños unos que otros; además había gigantes enormes de cien pies de altos y pequeños enanos que no eran mayores que el dedo pulgar.

Delante de ella había de pie una multitud de príncipes y de duques: el marido avanzó por en medio de ellos, y la dijo:

—Mujer, ya eres emperatriz.

—Sí, le contestó, ya soy emperatriz.

Entonces se puso delante de ella y comenzó a mirarla y le parecía que veía al sol. En cuanto la hubo contemplado así un momento:

—¡Ah, mujer, la dijo, qué buena cosa es ser emperatriz!

Pero permanecía tiesa, muy tiesa y no decía palabra.

Al fin exclamó el marido:

—¡Mujer, ya estarás contenta, ya eres emperatriz! ¿Qué más puedes desear?

—Veamos, contestó la mujer.

Fueron enseguida a acostarse, pero ella no estaba contenta; la ambición la impedía dormir y pensaba siempre en ser todavía más.

El marido durmió profundamente; había andado todo el día, pero la mujer no pudo descansar un momento; se volvía de un lado a otro durante toda la noche, pensando siempre en ser todavía más; y no encontrando nada por qué decidirse. Sin embargo, comenzó a amanecer, y cuando percibió la aurora, se incorporó un poco y miró hacia la luz, y al ver entrar por su ventana los rayos del sol...

—¡Ah! —pensó; ¿por qué no he de poder mandar salir al Sol y a la Luna? Marido mío, dijo empujándole con el codo, ¡despiértate, ve a buscar al barbo; quiero ser semejante a Dios!

El marido estaba dormido todavía, pero se asustó de tal manera, que se cayó de la cama. Creyendo que había oído mal, se frotó los ojos y preguntó:

—¡Ah, mujer! ¿Qué dices?

—Marido mío, si no puedo mandar salir al Sol y a la Luna, y si es preciso que los vea salir sin orden mía, no podré descansar y no tendré una hora de tranquilidad, pues estaré siempre pensando en que no los puedo mandar salir.

Y al decir esto le miró con un ceño tan horrible, que sintió bañarse todo su cuerpo de un sudor frío.

—Ve al instante, quiero ser semejante a Dios.

—¡Ah, mujer! —dijo el marido arrojándose a sus pies; el barbo no puede hacer eso; ha podido muy bien hacerte reina y emperatriz, pero, te lo suplico, conténtate con ser emperatriz.

Entonces echó a llorar; sus cabellos volaron en desorden alrededor de su cabeza, despedazó su cinturón y dio a su marido un puntapié gritando:

—No puedo, no quiero contentarme con esto; marcha al instante.

El marido se vistió rápidamente y echó a correr, como un insensato.

Pero la tempestad se había desencadenado y rugía furiosa; las casas y los árboles se movían; pedazos de roca rodaban por el mar, y el cielo estaba negro como la pez; tronaba, relampagueaba y el mar levantaba olas negras tan altas como campanarios y montañas, y todas llevaban en su cima una corona blanca de espuma. Púsose a gritar, pues apenas podía oírse él mismo sus propias palabras:

Tararira ondino, tararira ondino,
hermoso pescado, pequeño vecino,
mi pobre Isabel grita y se enfurece,
es preciso darle lo que se merece.

—¿Qué quieres tú, amigo? —dijo el barbo.

—¡Ah, contestó, quiere ser semejante a Dios!

—Vuelve y la encontrarás en la choza.

Y a estas horas viven allí todavía.

EL SASTRECILLO VALIENTE

Un sastrecillo estaba sentado en su mesa cerca de la ventana en una hermosa mañana de verano, cosiendo alegremente y con mucha prisa, cuando acertó a pasar por la calle una mujer que voceaba:

—¿Quién compra buena crema? ¿Quién compra buena crema?

Esta palabra crema sonó tan agradablemente a nuestro hombre que, asomando su pequeña cabeza por la ventana, exclamó:

—Aquí, buena mujer, entrad aquí y encontraréis comprador.

Subió cargada con su pesado cesto los tres escalones de la tienda del sastre y tuvo que poner delante de él todos sus cacharros para que los mirase, manejase y oliese el uno después del otro concluyendo por decir:

—Me parece que es buena esta crema; dadme dos onzas, buena mujer, y aunque sea un cuarterón.

La vendedora, que había creído hacer un negocio mucho mejor, le dio lo que pedía, pero se fue gruñendo y refunfuñando.

—Ahora, exclamó el sastrecillo, imploro a Dios que tenga a bien bendecir esta buena crema para que me dé fuerza y vigor.

Y cogiendo el pan del armario partió una larga rebanada para extender su crema encima.

—¡Qué bien me va a saber!, pensó para sí, pero antes de comérmela voy a acabar este chaquet.

Colocó la tostada a su lado y se puso a coser de nuevo, y era tal su alegría que daba las puntadas cada vez mayores. Pero el olor de la crema atraía las moscas que cubrían la pared y vinieron en gran número a colocarse encima de ello.

—¿Quién os ha llamado aquí?, dijo el sastre echando estos húespedes incómodos.

Pero las moscas sin hacerle caso volvieron en mayor número que antes.

Se incomodó entonces, y sacando de su cajón un pedazo de paño:

—Esperad, exclamó, yo os daré su merecido, y les dio sin piedad.

Después del primer golpe, contó las muertas y no había nada menos que siete, que estaban con las patas extendidas.

—¡Diablos!, se dijo admirado de su valor, parece que soy un valiente; es necesario que lo sepa toda la ciudad.

Y en su entusiasmo se hizo un cinturón y bordó encima con letras muy gordas: «Mató siete de un cachete.»

—Pero la ciudad es muy pequeña, añadió en seguida; debe saberlo el mundo entero.

El corazón le brincaba de alegría dentro del pecho, como la cola de un corderillo.

Se puso su cinturón y resolvió correr el mundo, pues su tienda le pareció desde entonces un teatro muy pequeño para su valor.

Antes de salir de su casa buscó por toda ella lo que había de llevar, pero no encontró más que un queso rancio que se metió en el bolsillo. Delante de la puerta había un pájaro en su jaula, que se metió en el bolsillo con el queso.

Después emprendió valientemente su camino y como era listo y activo, anduvo una semana.

Pasó por una montaña, en cuya cumbre había una enorme gigante que miraba tranquilamente a los pasajeros. El sastrecillo se fue derecho a él y le dijo:

—Buenos días, compañero; ¿qué haces ahí sentado? ¿Estás mirando cómo se mueve el mundo a tus pies? Yo me he puesto en camino en busca de aventuras; ¿quieres venir conmigo?

El gigante le contestó con aire de desprecio:

—¡Bribonzuelo, sietemesino!

—¿Cómo te atreves a decirme eso?, exclamó el sastre.

Y desabotonándose el chaleco, le enseñó el cinturón diciendo:

—Lee aquí y verás con quien te has metido.

El gigante que leyó, «siete de un cachete», se imaginó que eran hombres los que había dado muerte el sastre y miró con un poco más de respeto a su débil interlocutor. Sin embargo para experimentarle cogió un guijarro en la mano y le apretó con tal fuerza que rezumaba agua.

—Ahora, le dijo, haz lo que yo, si tienes tanta fuerza.

—¿No es más que eso?, dijo el sastre, pues eso es un juego de niño para mí.

Y metiendo la mano en su bolsillo sacó el queso que llevaba en él y le apretó en su mano de manera que le sacó todo el jugo que tenía.

—¿Qué te parece?, añadió; ¿hay alguna diferencia entre los dos?

El gigante no encontraba qué decir y no comprendía que un enano pudiera tener tantas fuerzas. Cogió otro guijarro y le tiró tan alto que apenas lo distinguía la vista más perspicaz, y le dijo:

—Vamos, hombrecillo, haz lo que yo.

—Bien tirado, dijo el sastre, pero la piedra ha caído. Yo voy a tirar otra que no caerá.

Y sacando el pájaro que estaba en su bolsillo le echó a volar.

El pájaro, contento al verse libre, partió más rápido que una flecha y no volvió más.

—¿Qué opinas ahora, camarada?, añadió.

—Está muy bien hecho, respondió el gigante; mas quiero ver si cargas tanto como lejos tiras.

Y condujo al sastrecillo delante de una enorme encina que estaba caída en el suelo.

—Si verdaderamente tienes fuerzas, le dijo, es preciso que me ayudes a levantar este árbol.

—Con mucho gusto, contestó el hombrecillo, carga el tronco en tus espaldas, yo cargaré con las ramas y la copa que es lo más pesado.

El gigante se echó el tronco a espaldas, pero el sastrecillo se sentó en una rama de manera que el gigante, que no podía mirar hacia atrás, llevaba todo el árbol y además al sastre que se había instalado pacíficamente y cantaba con la mayor alegría.

Iban juntos tres sastres a caballo una tarde, como si hubiera sido para él un juego de niños el llevar un árbol. El gigante anonadado bajó el peso y no pudiendo resistirle dados algunos pasos, gritó:

—Mira, voy a tirarle al suelo.

El hombrecillo saltó muy listo en tierra y agarrando el árbol entre sus brazos como si hubiera llevado lo que le correspondía dijo al gigante:

—Bien flojo eres para ser tan alto.

Continuaron su camino y acertando a pasar por delante de un cerezo, cogió el gigante la copa del árbol donde se encontraba la más madura, y encorvándole hasta el suelo, le puso en la mano del sastrecillo para que comiese las cerezas, pero éste era demasiado débil para sostenerle, y en cuanto le soltó el gigante, enderezándose el árbol se llevó al sastre consigo. Bajó sin hacerse daño, pero el gigante le dijo:

—¿Qué es eso?, no tienes fuerzas para encorvar semejante bagatela?

—No se trata de fuerzas, respondió el sastrecillo, ¿qué es eso para un hombre que ha derribado siete de un cachete? He saltado por encima del árbol para librarme de las balas, porque allá abajo hay unos cazadores que tiran a los matorrales. Haz tú otro tanto si puedes.

El gigante probó, pero no pudo saltar por encima del árbol y se quedó encerrado en las ramas. Así conservó la ventaja el sastre.

—Puesto que eres un muchacho tan valiente, dijo el gigante, es preciso que vengas a nuestra caverna y pases la noche con nosotros.

El sastre consintió en ello con mucho gusto. En cuanto llegaron encontraron a otros gigantes sentados cerca de la lumbre comiéndose cada uno un carnero asado que tenía en la mano. El sastre creyó que la habitación era mucho mayor que su tienda.

El gigante le enseñó su cama y le mandó que se acostase, pero como la cama era demasiado grande para un cuerpo tan pequeño, se acurrucó en un rincón. A la media noche, creyendo el gigante que dormía con un profundo sueño, agarró una barra de hierro y dio un golpe muy grande en medio de la cama, con lo que pensó haber matado resueltamente al enano. Los gigantes se levantaron al amanecer y se fueron al bosque; se habían olvidado del sastre, cuando le vieron salir de la caverna con un aire muy alegre y un tanto descarado; llenos de miedo y temiendo no los matase a todos, echaron a correr sin esperar a más.

Continuó el sastrecillo su viaje y después de haber andado mucho tiempo, llegó al jardín de un palacio, y como estaba un poco cansado se echó en el musgo y se durmió. Las personas que pasaron por allí se pusieron a mirarle por todos lados y leyeron en su cinturón: «Siete de un cachete.»

—¡Ah!, dijeron para sí, ¿qué es lo que viene a hacer aquí este rayo de la guerra en el seno de la paz? Debe ser algún señor muy poderoso.

Fueron a dar parte a su rey, añadiendo que si llegaba a declararse la guerra sería un auxiliar muy eficaz, por lo que había que tenerle a cualquier precio.

Agradó al rey este consejo y envió a uno de sus cortesanos para ofrecerle, en cuanto despertase, un empleo en su servicio.

El enviado permaneció de centinela cerca del hombrecillo; y cuando comenzó a abrir los ojos y a estirarse le hizo la propuesta.

—Con ese objeto he venido, respondió el otro; estoy pronto a entrar al servicio del rey.

Se le recibió con toda clase de honores y le designaron una habitación en la Corte. Pero los militares estaban celosos de él y hubieran querido verle a mil leguas de allí.

—¿En qué vendrá a parar todo esto?, se decían unos a otros.

—Si tenemos alguna desazón con él, se arrojará sobre nosotros y matará siete de una vez. Ninguno de nosotros sobrevivirá.

Resolvieron presentarse al rey y presentarle todos su renuncia.

—No podemos, le dijeron, permanecer al lado de un hombre que derriba siete de un cachete.

El rey sintió mucho verse abandonado por todos sus leales servidores y hubiera deseado no haber conocido nunca al que era causa de ello y del que se hubiese deshecho con mucho gusto. Pero no se atrevía a despedirle por temor de que este hombre terrible le matase lo mismo que a su pueblo, para apoderarse de un trono.

El rey, después de haber pensado mucho en ello, encontro un expediente. Mandó hacer al hombrecillo una oferta que no podía dejar de aceptar en su calidad de héroe. En un bosque de aquel país había dos gigantes que cometían toda clase de fechorías, asesinatos e incendios. Nadie se acercaba a ellos sin temer por su vida. Si conseguía vencerlos y matarlos, el rey le daba su hija única por mujer con la mitad del reino por dote. Para ayudarle en caso necesario pusieron cien caballos a su disposición. Pensó el sastrecillo que la ocasión de casarse con una princesa tan linda era muy buena y que no se encontraría todos los días. Declaró que, consentía en ir contra los gigantes, pero que para nada quería la escolta de los cien caballos, pues el que había matado siete de un cachete, no temía a dos adversarios a la vez.

Se puso en marcha seguido de los cien caballos y, cuando llegó a la entrada del bosque, les dijo que le esperaran que él solo se las arreglaría con los dos gigantes. Después entró en el bosque, mirando alrededor con precaución. Al cabo de un rato distinguió a los dos gigantes; estaban dormidos bajo un árbol y roncaban con tanta fuerza que hacían encorvarse a las ramas. El sastrecillo llenó sus dos bolsillos de guijarros y subiendo al árbol sin perder tiempo se deslizó por una rama que se adelantaba precisamente por entre los dos gigantes dormidos y dejó caer algunos guijarros, uno tras otro, sobre el estómago de uno de ellos. El gigante no sintió nada en un principio, pero al fin despertó y empujando a su compañero le dijo:

—¿Por qué me pegas?

—Estás soñando, dijo el otro, yo no te he tocado.

A poco volvieron a dormirse. El sastre tiró entonces una piedra al segundo.

—¿Qué hay?, exclamó éste. ¿Qué es lo que has tirado?

—Yo no te he tirado nada, tú sueñas, respondió el primero.

Disputaron por algún tiempo, pero, como estaban cansados, concluyeron por callar y volverse a dormir. El sastre sin embargo continuó su juego y escogiendo el mayor de los guijarros le tiró con todas sus fuerzas sobre el estómago del primer gigante:

—¡Esto es demasiado ya!, exclamó éste y levantándose como furioso saltó sobre su compañero que le pagó en la misma moneda.

El combate fue tan terrible que arrancaban árboles enteros para servirse de ellos como de armas, y no cesó hasta que ambos quedaron muertos en el suelo.

El sastrecillo bajó entonces de su puesto.

—Por fortuna, pensó para sí, no han arrancado también el árbol en que yo me encontraba, pues me hubiera visto obligado a saltar a otro como una ardilla, pero en nuestro oficio todos somos listos.

Sacó la espada y después de haber dado dos buenos golpes en el pecho a cada uno de ellos, volvió a reunirse a su escolta a la que dijo:

—Ya he concluido; les he dado el golpe de gracia; el negocio ha estado reñido, querían resistir y hasta han arrancado árboles para tirármelos, pero ¿de qué sirve todo esto contra un hombre como yo que derriba siete de un cachete?

—¿No estás herido?, le preguntaron los soldados.

—No, dijo, no han podido tocarme ni a la punta de un cabello.

Los soldados no quisieron creerlo; entraron en el bosque y encontraron en efecto a los gigantes nadando en su sangre y los árboles arrancados por todas partes a su alrededor.

El sastrecillo reclamó la recompensa prometida por el rey, pero éste, que se arrepentía de haber empeñado su palabra, buscó un medio para librarse del héroe.

—Hay, le dijo, otra aventura que debes llevar a cabo antes de obtener a mi hija y la mitad de mi reino. Frecuenta mis bosques un unicornio que hace muchos estragos, es preciso que te apoderes de él.

—Un unicornio me da todavía menos miedo que dos gigantes; siete de un cachete es mi emblema.

Tomó una cuerda y un hacha y entró en el bosque mandando a los que le acompañaban que le esperasen fuera. No tuvo que andar mucho tiempo; el unicornio apareció bien pronto y corrió hacia él para atacarle.—Poco a poco, dijo, muy deprisa no está en regla.—Permaneció inmóvil hasta que el animal estuvo cerca de él, y entonces se deslizó muy listo detrás del tronco de un árbol. El unicornio, que se había lanzado contra el árbol con todas sus fuerzas, metió en él un cuerno tan profundamente que le fue imposible sacarle, y así le cogió.—El pájaro está en la jaula, se dijo el sastre, y saliendo de su escondrijo, se acercó al unicornio, le pasó la cuerda alrededor del cuello, le partió el cuerno metido en el árbol a fuerza de hachazos y, cuando hubo acabado, llevó el animal delante del rey.

Pero el rey no podía decidirse a cumplir su palabra y le impuso otra tercera condición. Se trataba de apoderarse de un jabalí que hacía grandes estragos en los bosques. Los cazadores del rey tenían orden de ayudarle. El sastre aceptó diciendo que esto no era más que un juego de niños. Entró solo en el bosque sin que lo sintieran los cazadores, a los que el jabalí había recibido y muchas veces de tal manera que no tenían ánimo de volver. El jabalí en cuanto distinguió al sastre se precipitó hacia él, echando espuma y enseñando sus agudos colmillos, pero el ligero hombrecillo se refugió en una ermita que había allí cerca y volvió a salir enseguida, saltando por la ventana. El jabalí entró detrás de él, pero el sastrecillo volvió en dos saltos y cerró la puerta de modo que la fiera se encontró presa, pues era demasiado pesada y grande para salvarse por el mismo camino. Después de esta hazaña llamó a los cazadores para que vieran al prisionero con sus propios ojos, y se presentó al rey, el cual se vio obligado esta vez a darle a pesar suyo su hija y la mitad de su reino. Con mucha más dificultad se hubiera decidido si hubiera sabido que su yerno no era un gran guerrero sino un infeliz sastrecillo. La boda se celebró con mucha magnificencia y poca alegría, y de un sastre se hizo rey.

Algún tiempo después, la joven reina oyó una noche a su marido que decía soñando.—Vamos, muchacho, termina ese chaleco y remienda ese pantalón o si no te doy con la vara entre las orejas. —Comprendió entonces el sitio en que se había educado su marido y al día siguiente fue a quejarse a su padre suplicándole la librara de un marido que no era más que un miserable sastre.

Para consolarla, la dijo el rey:

—Deja tu cuarto abierto esta noche; mis criados estarán a la puerta y, en cuanto esté dormido, entrarán y le llevarán cargado de cadenas a un navío que le conducirá lejos de aquí.

La reina estaba muy contenta, pero un escudero del rey que lo había oído todo y que amaba al nuevo príncipe, fue y le descubrió el complot.

—Yo lo arreglaré, le dijo el sastre.

Por la noche se acostó como de costumbre, y cuando su mujer le creyó bien dormido fue a abrir la puerta y se volvió a acostar a su lado. Pero el hombrecillo, que fingía dormir, se puso a gritar en alta voz:

—Vamos, muchacho, termina ese chaleco o te doy con la vara en las orejas. He derribado siete de un cachete, he dado muerte a dos gigantes, cazado un unicornio y un jabalí, ¿tendré miedo de gentes que están ocultas a mi puerta?

Al atender estas últimas palabras se asustaron todos de tal modo que echaron a correr como si hubieran visto al diablo y nadie se atrevió ya a declararse contra él. De esta manera conservó la corona toda su vida.

LOS VIAJES DE PULGARCITO

Un sastre tenía un hijo que había salido muy pequeño, no mayor que el dedo pulgar, y por eso lo llamaban Pulgarcito. Era, sin embargo, muy animoso, y dijo un día a su padre:

—Padre, tengo ganas de correr mundo, y voy a hacerlo.

—Bien, hijo mío — respondióle el hombre, y, cogiendo una aguja de zurcir bien larga, y haciéndole en el ojo un nudo con lacre derretido:

—Ahí tienes una espada para el camino — le dijo.

El muchacho quiso comer por última vez en la casa y fue a la cocina, dando saltitos, para ver lo que guisaba su madre como despedida. Pero el plato aún se estaba cociendo en el fuego. Preguntó el pequeño:

—Madre, ¿qué tenemos hoy para comer?

—Míralo tú mismo — dijo la mujer.

Pulgarcito saltó sobre los fogones para echar una mirada al puchero; pero estiró tanto el cuello, que el vapor que salía del cacharro lo arrastró y se lo llevó chimenea arriba. Después de volar un rato suspendido en el aire, al fin volvió a caer al suelo. Pulgarcito encontróse así solo en el ancho mundo, y encontró empleo con un sastre; pero la comida no le satisfacía.

—Señora patrona — dijo Pulgarcito —, como no me deis mejor de comer, me marcharé, y mañana escribiré con yeso en la puerta de esta casa: "Patatas, muchas; carne, poca. Adiós, rey de las patatas."

—¿Y qué quieres tú, saltamontes? —contestóle la patrona enfadada —, y, agarrando un trapo, se dispuso a zurrarle —, pero nuestro sastrecillo corrió a esconderse bajo el dedal y, asomando la cabeza, sacó la lengua a la mujer. Levantó ésta el dedal para cogerlo; mas el hombrecillo se escabulló entre los retales, y, al sacudirlos ella tratando de descubrirlo, él se escondió en la juntura de la mesa.

—¡Je, je, patrona! — gritó desde su refugio, sacando la cabeza; y viendo que ella hacía ademán de pegarle, saltó al cajón. Al fin, la mujer logró pescarlo y lo echó a la calle.

El sastrecillo se puso en camino y llegó a un gran bosque, allí se topó con una pandilla de bandoleros que se proponían robar el tesoro del Rey. Al ver a aquel enanillo, pensaron: "Una criatura tan pequeña podría pasar por el ojo de la cerradura y servirnos de ganzúa."

—¡Hola! —gritóle uno—. Gigante Goliat, ¿quieres venirte con nosotros a la cámara del tesoro real? Te será fácil introducirte en ella y echarnos el dinero.

Pulgarcito lo estuvo pensando un rato; al cabo, se animó a irse con la cuadrilla. Examinó la puerta por arriba y por abajo, buscando una grieta, y, por fin, descubrió una lo bastante grande para filtrarse por ella. Se disponía a hacerlo cuando lo vio uno de los centinelas que montaba guardia ante la puerta, y le dijo a su compañero:

—Mira qué araña tan fea. Voy a aplastarla.

—¡Deja al pobre animalito! — dijo el otro —. Ningún mal te ha hecho.

Con lo cual, Pulgarcito pudo entrar sin contratiempo en la cámara del tesoro y, abriendo la ventana bajo la cual aguardaban los bandidos, empezó a echarles doblones uno tras otro. Estando así ocupado, oyó venir al Rey, que quería inspeccionar su cámara, y se escondió ágilmente. Diose cuenta el Rey de que faltaban bastantes monedas de oro, pero no acertaba a comprender cómo se las habían robado, ya que las cerraduras y cerrojos estaban intactos, y todo parecía encontrarse en perfecto orden. Al salir, dijo a los guardias:

—¡Cuidado! Hay alguien que va detrás de mi dinero.

Y cuando Pulgarcito reanudó su trabajo, ellos oyeron el

sonar de las piezas de oro: clip—clap, clip—clap. Al punto se precipitaron en la cámara, seguros de echar el guante al ladrón. Pero el sastrecillo, que los oyó entrar, más ligero que ellos saltó a una esquina, tapándose con una moneda y quedando perfectamente disimulado; y desde su escondrijo se burlaba de los guardias gritando:

—¡Estoy aquí!

Los centinelas corrieron a él; pero antes de que llegasen, nuestro hombrecillo había cambiado ya de sitio, siempre debajo de una moneda, y no cesaba de gritar:

—¡Estoy aquí!

Y cuando los hombres se lanzaban para cogerlo, Pulgarcito los llamaba ya desde otra esquina:

—¡Estoy aquí!

Y de esta manera se estuvo burlando de ellos, corriendo de un extremo a otro de la cámara, hasta que sus perseguidores, rendidos de fatiga, renunciaron a la caza y se marcharon. Entonces él acabó de echar todas las monedas por la ventana, tirando las últimas con todas sus fuerzas; y cuando se hubieron terminado, saltó él también por el mismo camino. Los ladrones lo acogieron con grandes elogios:

—¡Eres un gran héroe! — le dijeron —. ¿Quieres ser nuestro capitán?

Mas Pulgarcito, tras unos momentos de reflexión, les contestó que antes deseaba correr mundo. Al repartir el botín pidió sólo un cuarto, pues no podía cargar con más.

Ciñéndose nuevamente su espada, despidióse de los bandidos y echó camino adelante. Trabajó con varios maestros de su oficio, pero con ninguno se sentía a gusto y, al fin, entró de criado en una hospedería. Las sirvientas le tenían ojeriza, pues, sin ellas verlo, él sabía todo lo que hacían a hurtadillas, y descubría al dueño lo que robaban de los platos y de la bodega. Dijéronse las criadas:

—Vamos a jugarle una mala pasada.

Y convinieron para hacerle una jugarreta. Un día en que una de las mozas estaba cortando hierba en el huerto, viendo a Pulgarcito que saltaba por entre las plantas, lo recogió con la guadaña junto con la hierba y, atándolo en un gran pañuelo, a la chita callando fue a echarlo a las vacas, una de las cuales, negra y grandota, se lo tragó sin hacerle ningún daño. No obstante, a Pulgarcito no le gustaba aquella nueva morada, pues estaba muy oscura y no encendían ninguna luz. Cuando ordeñaron al animal, gritó él:

"Bueno, bueno, bueno;

¿estará pronto el cubo lleno?."

Pero con el ruido de la leche que caía no lo oyeron. Luego entró el amo en el establo y dijo:

—Mañana mataremos esta vaca.

Entonces sí que tuvo miedo Pulgarcito, y se puso a gritar:

— ¡Sacadme, estoy aquí dentro!

El amo oyó la voz, pero no sabía de dónde procedía.

—¿Dónde estás?— preguntó.

—A oscuras —respondió el prisionero; pero el otro no comprendió lo que quería significar y se marchó.

A la mañana siguiente sacrificaron la vaca. Por fortuna, al cortarla y descuartizarla, Pulgarcito no recibió golpe ni corte alguno, aunque fue a parar entre la carne destinada a embutidos. Al llegar el carnicero y poner mano a la obra, gritóle el enanillo con toda la fuerza de sus pulmones:

—¡Cuidado al trinchar, cuidado al trinchar, que estoy aquí dentro!

Pero con el estrépito de los trinchantes, nadie lo oyó. ¡Qué apuros hubo de pasar el pobre Pulgarcito! Pero como la necesidad tiene piernas, el pobre empezó a saltar entre los cuchillos con tal ligereza, que salió de la prueba sin un rasguño. Lo único que no pudo hacer fue escabullirse, y, quieras o no, hubo de resignarse a pasar, entre los pedazos de carne, al seno de una morcilla. La prisión resultaba algo estrecha, y, para postres, lo colgaron en la chimenea, para que se ahumara. El tiempo se le hacía larguísimo y se aburría enormemente. Al fin, al llegar el invierno, descolgaron el embutido para obsequiar con él a un forastero. Cuando la patrona cortó la morcilla en rodajas, él tuvo buen cuidado de encogerse y no sacar la cabeza, atento a que no le cercenasen el cuello. Finalmente, vio una oportunidad y, tomando impulso, saltó al exterior.

No queriendo seguir en aquella casa donde tan malos tragos hubo de pasar, Pulgarcito reanudó su vida de trotamundos. Sin embargo, la libertad fue de corta duración. Hallándose en despoblado, una zorra, con quien se topó casualmente lo engulló en un santiamén.

—¡Eh, señora Zorra! — gritóle Pulgarcito —, que estoy atascado en vuestro gaznate. ¡Soltadme, por favor!

—Tienes razón — respondióle la zorra —; tú no eres sino una miga para mí; si me prometes las gallinas del corral de tu padre, te soltaré.

—¡De mil amores! — replicó Pulgarcito —; te las garantizo todas.

La zorra lo dejó en libertad, y ella misma lo llevó a su casa. Cuando su padre volvió a ver a su querido pequeñuelo, gustoso dio a la zorra todas las gallinas del corral.

—En compensación te traigo una moneda — díjole Pulgarcito, ofreciéndole el cuarto que había ganado en el curso de sus correrías.

—¿Por qué dejaron que la zorra se comiese las pobres gallinas?

—¡Va tontuelo! ¿No crees que tu padre daría todas las gallinas del corral por conservar a su hijito?

LA BELLA DURMIENTE

Hace muchos años vivía un rey y una reina, que decían todos los días:

—¡Ay, si tuviéramos un hijo!— y no les nacía ninguno; pero una vez, estando la reina bañándose, saltó una rana en el agua, la cual le dijo:

—Antes de un año verás cumplido tu deseo, y tendrás una hija.

No tardó en verificarse lo que había predicho la rana, pues la reina dio a luz una niña tan hermosa, que el rey, lleno de alegría, ignoraba que hacerse y dispuso un gran festín, al cual invitó no sólo a sus parientes, amigos y conocidos, sino también a las hadas para que la niña fuese amable y de buenas costumbres. Había trece hadas en su reino, pero como sólo tenía doce cubiertos de oro, que son los únicos con que comen, una de ellas no podía asistir al banquete. Celebrose éste con gran magnificencia, y al terminarse, regaló a la niña cada una de las hadas un don especial; ésta la virtud, aquella la hermosura, la tercera las riquezas, y así la otorgaron todo cuanto puede desearse en el mundo; mas apenas había hablado la undécima, entró de repente la decimotercera, deseosa de vengarse porque no la habían convidado, y sin saludar ni mirar a nadie, dijo en alta voz:

—La princesa se herirá con un huso al cumplir los quince años y quedará muerta en el acto.

Y salió de la sala sin decir otra palabra. Asustáronse todos los presentes, pero entró enseguida la duodécima que no

había hecho aún su regalo; no pudiendo evitar el mal que había predicho su compañera, procuró modificarle y dijo:

—La princesa no morirá, pero estará sumergida en un profundo sueño por espacio de un siglo, del cual volverá, trascurrido este tiempo.

El rey, que quería evitar a su querida hija todo género de desgracias, dio la orden de que se quemasen todos los husos de su reino; pero la joven se encontraba adornada de todas las gracias que la habían concedido las hadas, pues era muy hermosa, amable, graciosa y entendida, de manera, que cuantos la veían, sentían hacia ella el mayor cariño. Mas al llegar el día en que cumplió los quince años, dio la casualidad de que se encontrase sola en palacio por haber salido el rey y la reina; comenzó a recorrer aquella vasta morada, deseosa de saber lo que contenía y vio una tras otra todas las habitaciones hasta que llegó a una torre muy elevada; subió una estrecha escalera y llegó a una puerta, la cual no se tardó en abrir, dejándola ver una pequeña habitación, donde se encontraba una anciana con su huso hilando con la mayor laboriosidad.

—Buenos días, abuelita, dijo la princesa, ¿qué haces?

—Estoy hilando, contestó la anciana haciendo una cortesía con la cabeza.

—¿Qué es eso que se mueve con tanta ligereza? continuó diciendo la niña; y fue a coger el huso para ponerse a hilar; pero apenas le había tocado, se realizó el encanto y se hirió en el dedo.

En el mismo instante en que sintió la cortadura fue a parar a su cama, donde cayó en un profundo sueño, el cual se extendió a todo el palacio. El rey y la reina, que habían entrado en aquel mismo momento se quedaron dormidos, igualmente que toda la corte; también se durmieron los caballos en la cuadra, los perros en el patio, las palomas en el techo, las moscas en la pared, y hasta el fuego que ardía en el fogón dejó de arder, y la comida cesó de cocer, y el cocinero y los pinches se durmieron por último, para que no quedase nadie despierto. Cesó también el viento y no volvió a moverse ni aun la hoja de un árbol de los alrededores del palacio.

No tardó mucho en nacer y crecer un zarzal en torno de aquel edificio, el cual fue haciéndose más grande cada día hasta que le cercó por completo, de manera que ni aun su techo se veía, y solo los ancianos del país podían dar alguna noticia de la hermosa Rosa-con-espinas que se encontraba allí dormida; pues con este nombre era conocida la princesa, y de tiempo en tiempo venían algunos príncipes que querían penetrar a través de la zarza en el palacio, más les era imposible, pues las espinas se cerraban fuertemente, y los jóvenes quedaban atrapados por ellas, no pudiendo muchas veces soltarse, de modo que morían allí. Trascurridos muchos, muchos años, fue un príncipe a aquel país y oyó lo que refería un anciano de aquella zarza, detrás de la cual había un palacio, en el que dormía desde el siglo anterior una hermosa princesa, llamada Rosa-con-espinas, y con ella estaban dormidos el rey y la reina y toda la corte. Añadió además haber oído decir a su abuelo que muchos príncipes habían tratado ya de atravesar por el zarzal, pero que no lo habían podido conseguir, quedando en él muertos.

Entonces dijo el doncel:

—Yo no tengo miedo y he de ver a la bella Rosa-con-espinas.

El buen anciano quiso distraerle de su propósito, mas viendo que no lo conseguía, le dejó entregarse a su suerte. Pero precisamente entonces habían trascurrido los cien años y llegado el día, en el cual debía despertar, Rosa—

con—espinas. Cuando se acercó el príncipe a la zarza, la encontró convertida en un hermoso rosal, que abriéndose por sí mismo le dejó pasar cerrándose después. Llegó a la cuadra y vio dormidos a los perros y caballos, miró el techo y vio a las palomas con la cabeza debajo de las alas, y cuando entró en el edificio, notó que las moscas estaban dormidas en las paredes, el cocinero se encontraba en la cocina en actitud de llamar a los pinches, y la criada estaba cerca de un gallo que parecía dispuesto a cantar. Fue un poco más lejos y vio en un salón a toda la corte dormida, y al rey y a la reina durmiendo en su trono. Fue un poco mas allá y todo se encontraba tranquilo, sin que se oyese el menor ruido, hasta que al fin llegó a la torre y abrió la puerta del cuarto en que dormía Rosa-con-espinas. Se quedó mirándola, y era tan hermosa, que no pudo separar sus ojos de ella; se inclinó y la dio un beso, pero apenas la habían tocado sus labios, abrió los ojos Rosa-con-espinas, despertó y le miró con la mayor amabilidad. Bajaron entonces juntos y despertó el rey y la reina y toda la corte y se miraron unos a otros llenos de admiración; despertaron los caballos en la cuadra y comenzaron a relinchar, y los perros ladraron al levantarse y las palomas que se encontraban en el techo sacaron sus cabecitas de

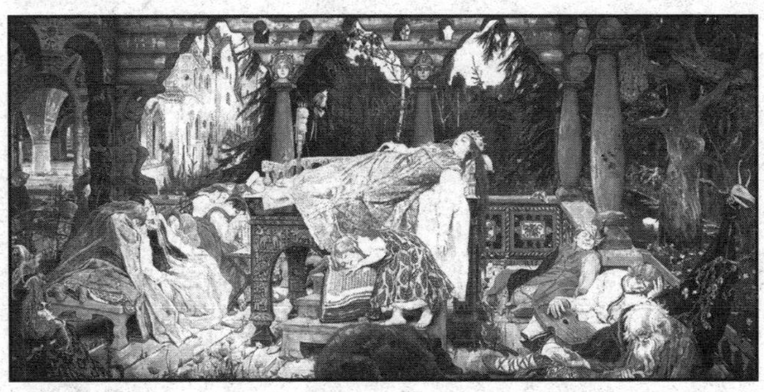

debajo de sus alas, miraron a su alrededor y echaron a volar; las moscas se separaron de las paredes, el fuego se reanimó y se puso a chisporrotear en la cocina y se coció la comida; el cocinero dio un cachete a cada pinche, los cuales comenzaron a llorar, y la criada despertó al canto del gallo. Se celebró entonces con grande magnificencia la boda del príncipe con Rosa-con-espinas y vivieron felices hasta el fin de sus días.

BLANCANIEVES Y ROSAROJA

Una pobre mujer vivía en una cabaña en medio del campo; en un huerto situado delante de la puerta, había dos rosales, uno de los cuales daba rosas blancas y el otro rosas encarnadas. La viuda tenía dos hijas que se parecían a los dos rosales, la una se llamaba Blancanieves y la otra Rojarosa. Eran las dos niñas lo más bueno, obediente y trabajador que se había visto nunca en el mundo, pero Blancanieves tenía un carácter más tranquilo y bondadoso; a Rojarosa le gustaba mucho más correr por los prados y los campos en busca de flores y de mariposas. Blancanieves se quedaba en su casa con su madre, la ayudaba en los trabajos domésticos y le leía algún libro cuando habían acabado su tarea. Las dos hermanas se amaban tanto, que iban de la mano siempre que salían, y cuando decía Blancanieves:

—No nos separaremos nunca.

Contestaba Rojarosa:

—En toda nuestra vida.

Y la madre añadía:

—Todo debería ser común entre ustedes dos.

Iban con frecuencia al bosque para coger frutas silvestres, y los animales las respetaban y se acercaban a ellas sin temor. La liebre comía en su mano, el cabrito pacía a su lado, el ciervo jugueteaba delante de ellas, y los pájaros, colocados en las ramas, entonaban sus mas bonitos gorjeos.

Nunca las sucedía nada malo; si las sorprendía la noche en el bosque, se acostaban en el musgo una al lado de la otra y dormían hasta el día siguiente sin que su madre estuviera inquieta.

Una vez que pasaron la noche en el bosque, cuando las despertó la aurora, vieron a su lado un niño muy hermoso, vestido con una túnica de resplandeciente blancura, el cual les dirigió una mirada amiga, desapareciendo en seguida en el bosque sin decir una sola palabra. Vieron entonces que se habían acostado cerca de un precipicio, y que hubieran caído en él con sólo dar dos pasos más en la oscuridad. Su madre les dijo que aquel niño era el Ángel de la Guarda de las niñas buenas.

Blancanieves y Rojarosa tenían tan limpia la cabaña de su madre, que se podía cualquiera mirar en ella. Rojarosa cuidaba en verano de la limpieza, y todas las mañanas, al despertar, encontraba su madre un ramo, en el que había una flor de cada uno de los dos rosales. Blancanieves encendía la lumbre en invierno y colgaba la marmita en los llares, y la marmita, que era de cobre amarillo, brillaba como unas perlas de limpia que estaba. Cuando nevaba por la noche, decía la madre:

—Blancanieves, ve a echar el cerrojo.

Y luego se sentaban en un rincón a la lumbre; la madre se ponía los anteojos y leía en un libro grande; y las dos niñas la escuchaban hilando; cerca de ellas estaba acostado un pequeño cordero y detrás dormía una tórtola en su caña con la cabeza debajo del ala.

Una noche, cuando estaban hablando con la mayor tranquilidad, llamaron a la puerta.

—Rojarosa —dijo la madre— ve a abrir corriendo, pues sin duda será algún viajero extraviado que buscará asilo por esta noche.

Rojarosa fue a descorrer el cerrojo y esperaba ver entrar algún pobre, cuando asomó un oso su gran cabeza negra por la puerta entreabierta. Rojarosa echó a correr dando gritos, el cordero comenzó a balar, la paloma revoloteaba por todo el cuarto y Blancanieves corrió a esconderse detrás de la cama de su madre. Pero el oso les dijo:

—No teman, no les haré daño; sólo les pido permiso para calentarme un poco, pues estoy medio helado.

—Acércate al fuego, pobre oso —contestó la madre— pero ten cuidado de no quemarte la piel.

Después llamó a sus hijas de esta manera:

—Blancanieves, Rojarosa, vengan; el oso no les hará daño, tiene buenas intenciones.

Entonces vinieron las dos hermanas, y se acercaron también poco a poco el cordero y la tórtola y olvidaron su temor.

—Hijas —les dijo el oso— ¿quieren sacudir la nieve que ha caído encima de mis espaldas?

Las niñas cogieron entonces la escoba y le barrieron toda la piel; después se extendió delante de la lumbre manifestando con sus gruñidos que estaba contento y satisfecho. No tardaron en tranquilizarse por completo; y aún en jugar con este inesperado huésped. Le tiraban del pelo, se subían encima de su espalda, le echaban a rodar por el cuarto, y cuando gruñía, comenzaban a reír. El oso las dejaba hacer cuanto querían, pero cuando veía que sus juegos iban demasiado lejos, les decía:

—Déjenme vivir, no vayan a matar al pretendiente de ustedes.

Cuando fueron a acostarse, le dijo la madre:

—Quédate ahí; pasa la noche delante de la lumbre, pues por lo menos estarás al abrigo del frío y del mal tiempo.

Las niñas le abrieron las puertas a la aurora, y él se fue

al bosque trotando sobre la nieve. Desde aquel día, volvía todas las noches a la misma hora, se extendía delante de la lumbre y las niñas jugaban con él todo lo que querían, habiendo llegado a acostumbrarse de tal modo a su presencia, que nunca echaban el cerrojo a la puerta hasta que él venía.

En la primavera, en cuanto comenzó a nacer el verde, dijo el oso a Blancanieves:

—Me marcho, y no volveré en todo el verano.

—¿Dónde vas, querido oso? —le preguntó Blancanieves.

—Voy al bosque, tengo que cuidar de mis tesoros, porque no me los roben los malvados enanos. Por el invierno, cuando la tierra está helada, se ven obligados a permanecer en sus agujeros sin poder abrirse paso; pero ahora que el sol ha calentado ya la tierra, van a salir al merodeo; lo que cogen y ocultan en sus agujeros no vuelve a ver la luz con facilidad.

Blancanieves sintió mucho la partida del oso, cuando le abrió la puerta se desolló un poco al pasar con el pestillo, y creyó haber visto brillar oro bajo su piel, más no estaba segura de ello. El oso partió con la mayor celeridad, y desapareció bien pronto entre los árboles.

Algún tiempo después, envió la madre a sus hijas a recoger madera seca al bosque, vieron un árbol muy grande en el suelo, y una cosa que corría por entre la yerba alrededor del tronco, sin que se pudiera distinguir bien lo que era. Al acercarse distinguieron un pequeño enano, con la cara vieja y arrugada y una barba blanca de una vara de largo. Se le había enganchado la barba en una hendidura del árbol, y el enano saltaba como un perrillo atado con una cuerda que no puede romper; fijó sus ardientes ojos en las dos niñas y les dijo:

—¿Qué hacen ahí mirando? ¿Por qué no vienen a socorrerme?

—¿Cómo te has dejado coger así en la red, pobre hombrecillo? —le preguntó Rojarosa.

—Tonta curiosa —replicó el enano—, quería partir este árbol para tener pedazos pequeños de madera y astillas para mi cocina, pues nuestros platos son chiquititos y los tarugos grandes los quemarían; nosotros no nos ates-

tamos de comida como la raza grosera y tragona de ustedes. Ya había introducido la cuña en la madera, pero la cuña era demasiado resbaladiza; ha saltado en el momento en que menos lo esperaba, y el tronco se ha cerrado tan pronto, que no he tenido tiempo para retirar mi hermosa barba blanca que se ha quedado enredada. ¿Se echan a reír, simples? ¡Qué feas son!

Por más que hicieron las niñas no pudieron sacar la barba que estaba cogida como con un tornillo.

—Voy a buscar gente —dijo Rojarosa.

—¿Llamar gente? —exclamó el enano con su ronca voz— ¿no son ya demasiado ustedes dos, imbéciles borricas?

—Ten un poco de paciencia —dijo Blancanieves— y todo se arreglará.

Y sacando las tijeras de su bolsillo le cortó la punta de la barba. En cuanto el enano se vio libre, fue a coger un saco lleno de oro que estaba oculto en las raíces del árbol, diciendo:

—¡Qué animales son esas criaturas! Cortar la punta de una barba tan hermosa! El diablo las lleve.

Después se echó el saco a la espalda y se marchó sin mirarlas siquiera.

Algunos meses después fueron las hermanas a pescar al río; al acercarse a la orilla vieron correr una especie de saltamontes grande, que saltaba junto al agua como si quisiera arrojarse a ella. Echaron a correr y conocieron al enano.

—¿Qué tienes? —dijo Rojarosa— ¿es que quieres tirarte al río?

—¡Qué bestia eres! —exclamó el enano— ¿no ves que es ese maldito pez que quiere arrastrarme al agua?

Un pescador había echado el anzuelo, mas por desgracia el aire enredó el hilo en la barba del enano, y cuando algunos instantes después mordió el cebo un pez muy grande, las fuerzas de la débil criatura no bastaron para sacarle del agua y el pez que tenía la ventaja atraía al enano hacia sí, quien tuvo que agarrarse a los juncos y a las yerbas de la ribera, a pesar de lo cual le arrastraba el pez y se veía en peligro de caer al agua. Las niñas llegaron a tiempo para detenerle y procuraron desenredar su barba, pero todo en vano, pues se hallaba enganchada en el hilo. Fue preciso recurrir otra vez a las tijeras y cortaron un poco de la punta. El enano exclamó entonces encolerizado:

—Necias, ¿tienen la costumbre de desfigurar así a las gentes? ¿No ha sido bastante con haberme cortado la barba una vez, sino que han vuelto a cortármela hoy? ¿Cómo me voy a presentar a mis hermanos? ¡Ojalá tengan que correr sin zapatos y se desollen los pies!

Y cogiendo un saco de perlas que estaba oculto entre las cañas, se lo llevó sin decir una palabra y desapareció en seguida detrás de una piedra.

Poco tiempo después envió la madre a sus hijas a la aldea para comprar hilo, agujas y cintas. Tenían que pasar por un erial lleno de rosas, donde distinguieron un pájaro muy grande que daba vueltas en el aire, y que después de haber volado largo tiempo por encima de sus cabezas, comenzó a bajar poco a poco, concluyendo por dejarse caer de pronto al suelo. Al mismo tiempo se oyeron gritos penetrantes y lastimosos. Corrieron y vieron con asombro a un águila que tenía entre sus garras a su antiguo conocido el enano y que procuraba llevárselo. Las niñas, guiadas por su bondadoso corazón, sostuvieron al enano con todas sus fuerzas, y se las hubieron también con el águila que acabó por soltar su presa; pero en cuanto el enano se repuso de su estupor, les gritó con voz gruñona:

—¿No podían haberme cogido con un poco más de

suavidad, pues han tirado de tal manera de mi pobre vestido que me lo han hecho pedazos? ¡Qué torpes son!

Después cogió un saco de piedras preciosas y se deslizó a su agujero en medio de las rosas. Las niñas estaban acostumbradas a su ingratitud y así continuaron su camino sin hacer caso, yendo a la aldea a sus compras.

Cuando a su regreso volvieron a pasar por aquel sitio, sorprendieron al enano que estaba vaciando su saco de piedras preciosas, no creyendo que transitase nadie por allí a aquellas horas, pues era ya muy tarde. El sol al ponerse iluminaba la pedrería y lanzaba rayos tan brillantes, que las niñas se quedaron inmóviles para contemplarlas.

—¿Por qué se quedan ahí embobadas? —les dijo, y su rostro ordinariamente gris estaba enteramente rojo de cólera.

Iba a continuar insultando cuando salió del fondo del bosque un oso completamente negro, dando terribles gruñidos. El enano quería huir lleno de espanto, pero no tuvo tiempo para llegar a su escondrijo, pues el oso le cerró el paso. Entonces le dijo suplicándole con un acento desesperado:

—Perdóname, querido señor oso, y te daré todos mis tesoros, todas esas joyas que ves delante de ti, concededme la vida. ¿Qué ganarás con en matar a un miserable enano como yo? Apenas me sentirías entre los dientes. ¿No es mucho mejor que cojas a esas dos malditas muchachas, que son dos buenos bocados, gordas como codornices? Cómetelas, en nombre de Dios.

Pero el oso, sin escucharlo, dio a aquella malvada criatura un golpe con su pata y cayó al suelo muerta.

Las niñas se habían salvado, pero el oso les gritó:

—¿Blancanieves? ¿Rojarosa? No tengan miedo, espérenme.

Reconocieron su voz y se detuvieron, y cuando estuvo cerca de ellas, cayó de repente su piel de oso y vieron a un joven vestido con un traje dorado.

—Soy un príncipe —les dijo— ese infame enano me había convertido en oso, después de haberme robado todos mis tesoros. Me había condenado a recorrer los bosques bajo esta forma y no podía verme libre más que con su muerte. Ahora ya ha recibido el premio de su maldad.

Blancanieves se casó con el príncipe y Rojarosa con un hermano suyo y repartieron entre todos los grandes tesoros que el enano había amontonado en su agujero. Su madre vivió todavía muchos años tranquila y feliz cerca de sus hijas. Tomó los dos rosales y los colocó en su ventana, donde daban todas las primaveras hermosísimas rosas blancas y encarnadas.

EL GATO CON BOTAS

Érase una vez un molinero que tenía tres hijos, su molino, un asno y un gato. Los hijos tenían que moler, el asno tenía que llevar el grano y acarrear la harina y el gato tenía que cazar ratones. Cuando el molinero murió, los tres hijos se repartieron la herencia. El mayor heredó el molino, el segundo el asno y el tercero el gato, pues era lo único que quedaba.

Entonces se puso muy triste y se dijo a sí mismo:

«Yo soy el que ha salido peor parado. Mi hermano mayor puede moler y mi segundo hermano puede montar en su asno, pero ¿qué voy a hacer yo con el gato? Si me hago un par de guantes con su piel, ya no me quedará nada.»

—Escucha —empezó a decir el gato, que lo había entendido todo—, no debes matarme sólo por sacar de mi piel un par de guantes malos. Encarga que me hagan un par de botas para que pueda salir a que la gente me vea, y pronto obtendrás ayuda.

El hijo del molinero se asombró de que el gato hablara de aquella manera, pero como justo en ese momento

pasaba por allí el zapatero, lo llamó y le dijo que entrara y le tomara medidas al gato para confeccionarle un par de botas. Cuando estuvieron listas el gato se las calzó, tomó un saco y llenó el fondo de grano, pero en la boca le puso una cuerda para poder cerrarlo, y luego se lo echó a la espalda y salió por la puerta andando sobre dos patas como si fuera una persona.

Por aquellos tiempos reinaba en el país un rey al que le gustaba mucho comer perdices, pero había tal miseria que era imposible conseguir ninguna. El bosque entero estaba lleno de ellas, pero eran tan huidizas que ningún cazador podía capturarlas. Eso lo sabía el gato y se propuso que él haría mejor las cosas. Cuando llegó al bosque abrió el saco, esparció por dentro el grano y la cuerda la colocó sobre la hierba, metiendo el cabo en un seto. Allí se escondió él mismo y se puso a rondar y a acechar. Pronto llegaron corriendo las perdices, encontraron el grano y se fueron metiendo en el saco una detrás de otra. Cuando ya había una buena cantidad dentro el gato tiró de la cuerda, cerró el saco corriendo hacia allí y les retorció el pescuezo. Luego se echó el saco a la espalda y se fue derecho al palacio del rey.

La guardia gritó:

—¡Alto! ¿Adónde vas?

—A ver al rey —respondió sin más el gato.

—¿Estás loco? ¡Un gato a ver al rey!

—Dejen que vaya —dijo otro—, que el rey a menudo se aburre y quizás el gato lo complazca con sus gruñidos y ronroneos.

Cuando el gato llegó ante el rey, le hizo una reverencia y dijo:

—Mi señor, el conde —aquí dijo un nombre muy largo y distinguido— presenta sus respetos a su señor el rey y le envía aquí unas perdices que acaba de cazar con lazo.

El rey se maravilló de aquellas gordísimas perdices. No cabía en sí de alegría y ordenó que metieran en el saco del gato todo el oro de su tesoro que éste pudiera cargar.

—Llévaselo a tu señor y dale además muchísimas gracias por su regalo.

El pobre hijo del molinero, sin embargo, estaba en casa sentado junto a la ventana con la cabeza apoyada en la mano, pensando que ahora se había gastado lo último que le quedaba en las botas del gato y dudando que éste fuera capaz de darle algo de importancia a cambio. Entonces entró el gato, se descargó de la espalda el saco, lo desató y esparció el oro delante del molinero.

—Aquí tienes algo a cambio de las botas, y el rey te envía sus saludos y te da muchas gracias.

El molinero se puso muy contento por aquella riqueza, sin comprender todavía muy bien cómo había ido a parar allí. Pero el gato se lo contó todo mientras se quitaba las botas y luego le dijo:

—Ahora ya tienes suficiente dinero, sí, pero esto no termina aquí. Mañana me pondré otra vez mis botas y te harás aún más rico. Al rey le he dicho también que tú eras un conde.

Al día siguiente, tal como había dicho, el gato, bien calzado, salió otra vez de caza y le llevó al rey buenas piezas.

Así ocurrió todos los días, y todos los días el gato llevaba oro a casa y el rey llegó a apreciarlo tanto que podía entrar y salir y andar por palacio a su antojo.

Una vez estaba el gato en la cocina del rey calentándose junto al fogón, cuando llegó el cochero maldiciendo:

—¡Que se vayan al diablo el rey y la princesa! ¡Quería ir a la taberna a beber y a jugar a las cartas, y ahora resulta que tengo que llevarles de paseo al lago!

Cuando el gato oyó esto, se fue furtivamente a casa y le dijo a su amo:

—Si quieres convertirte en conde y ser rico, sal conmigo y vente al lago y báñate.

El molinero no supo qué contestar, pero siguió al gato. Fue con él, se desnudó por completo y se tiró al agua. El gato, por su parte, tomó la ropa, se la llevó de allí y la escondió. Apenas terminó de hacerlo, llegó el rey y el gato empezó a lamentarse con gran pesar:

—¡Ay, clementísimo rey! ¡Mi señor se estaba bañando aquí en el lago y ha venido un ladrón que le ha robado la ropa que tenía en la orilla, y ahora el señor conde está en el agua y no puede salir, y como siga mucho tiempo ahí, se resfriará y morirá!

Al oír aquello, el rey dio la voz de alto y uno de sus siervos tuvo que regresar a toda prisa a buscar ropas del rey. El señor conde se puso las lujosísimas ropas del rey y, como ya de por sí el rey le tenía afecto por las perdices que creía haber recibido de él, tuvo que sentarse a su lado en la carroza. La princesa tampoco se enfadó por ello, pues el conde era joven y bello y le gustaba bastante.

El gato, por su parte, se había adelantado y llegó a un gran prado donde había más de cien personas recogiendo heno.

—Eh, ¿de quién es este prado? —preguntó el gato.

—Del gran mago.

—Escuchen: el rey pasará pronto por aquí. Cuando pregunte de quién es este prado, contesten que del conde. Si no lo hacen, morirán todos.

A continuación el gato siguió su camino y llegó a un trigal tan grande que nadie podía abarcarlo con la vista. Allí había más de doscientas personas segando.

—Eh, gente, ¿de quién es este grano?

—Del mago.

—Escuchen: el rey va a pasar ahora por aquí. Cuando pregunte de quién es este grano, contesten que del conde. Si no lo hacen, morirán todos.

Finalmente el gato llegó a un magnífico bosque. Allí había más de trescientas personas talando los grandes robles y haciendo leña.

—Eh, gente, ¿de quién es este bosque?

—Del mago.

—Escuchen: el rey va a pasar ahora por aquí. Cuando pregunte de quién es este bosque, contesten que del conde. Si no lo hacen así, morirán todos.

El gato continuó aún más adelante y toda la gente lo siguió con la mirada, y como tenía un aspecto tan asombroso y andaba por ahí con botas como si fuera una persona, todos se asustaban de él.

Pronto llegó al palacio del mago, entró con descaro y se presentó ante él. El mago lo miró con desprecio y le preguntó qué quería. El gato hizo una reverencia y dijo:

—He oído decir que puedes transformarte a tu antojo en cualquier animal. Si es en un perro, un zorro o también un lobo, puedo creérmelo, pero en un elefante me parece totalmente imposible, y por eso he venido, para convencerme por mí mismo.

El mago dijo orgulloso:

—Eso para mí es una minucia.

Y en un instante se transformó en un elefante.

—Eso es mucho, pero ¿puedes transformarte también en un león?

—Eso tampoco es nada para mí —dijo el mago, que se convirtió en un león delante del gato.

El gato se hizo el sorprendido y exclamó:

—¡Es increíble, inaudito! ¡Eso no me lo hubiera imaginado yo ni en sueños! Pero aún más que todo eso sería si

pudieras transformarte también en un animal tan pequeño como un ratón. Seguro que tú puedes hacer más cosas que cualquier otro mago del mundo, pero eso sí que será imposible para ti.

El mago, al oír aquellas dulces palabras, se puso muy amable y dijo:

—Oh, sí, querido gatito, eso también puedo hacerlo.

Y, dicho y hecho, se puso a dar saltos por la habitación

transformado en ratón. El gato lo persiguió, lo atrapó de un salto y se lo comió.

El rey, por su parte, seguía paseando con el conde y la princesa y llegó al gran prado.

—¿De quién es este heno? —preguntó el rey.

—¡Del señor conde! —exclamaron todos, tal como el gato les había ordenado.

—Ahí tienes una buena extensión de tierra, señor conde —dijo.

Después llegaron al gran trigal.

—Eh, gente, ¿de quién es este grano?

—Del señor conde.

—¡Vaya, señor conde, grandes y bonitas tierras tienes!

Luego llegaron al bosque.

—Eh, gente, ¿de quién es este bosque?

—Del señor conde.

El rey se quedó aún más asombrado y dijo:

—Tienes que ser un hombre rico, señor conde. Yo no creo que posea un bosque tan magnífico como éste.

Al fin llegaron al palacio. El gato estaba arriba, en la escalera, y cuando la carroza se detuvo bajó corriendo de un salto, abrió las puertas y dijo:

—Señor rey, ha llegado al palacio de mi señor, el señor conde, a quien este honor le hará feliz para todos los días de su vida.

El rey se bajó y se maravilló del magnífico edificio, que era casi más grande y más hermoso que su propio palacio. El conde, por su parte, condujo a la princesa escaleras arriba hacia el salón, que deslumbraba por completo de oro y piedras preciosas.

Entonces la princesa le fue entregada en matrimonio al conde, y cuando el rey murió se convirtió en rey. Y el gato con botas, por su parte, en primer ministro.

EL GANSO DE ORO

Había un hombre que tenía tres hijos, el más joven fue llamado Dummling, y era despreciado, burlado, y dejado de lado en cada ocasión.

Resultó un día que el mayor quiso entrar en el bosque para talar madera, y antes de que él se fuera, su madre le dio un hermoso pastel dulce y una botella de vino a fin de que no tuviera que sufrir de hambre o de sed. Cuando él entró en el bosque encontró a un pequeño anciano canoso que le deseó que tuviera un buen día, y quien además le dijo:

—Regálame un pedazo del pastel de tu bolsillo, y dame un sorbo de tu vino; tengo mucha hambre y sed.

Pero el prudente joven contestó:

—Si te doy mi pastel y vino, no tendré ninguno para mí; hazte a un lado.

Y dejó al hombrecito parado y continuó su camino.

Pero cuando él comenzó a talar para bajar un árbol, no pasó mucho rato antes de que él diera un golpe falso, y el hacha lo hirió en el brazo, de modo que tuvo que regresar a casa y tener que vendarse. Y esto fue hecho por el pequeño hombre canoso.

Después de eso, el segundo hijo también entró en el bosque, y su madre le dio, como al mayor, un pastel y una botella de vino. El pequeño y viejo hombre canoso lo encontró igualmente, y le pidió un pedazo de pastel y una bebida de vino. Pero el segundo hijo, también, dijo con mucha razón,

—Lo que le doy no será para mí; ¡estese lejos!— y él dejó parado al hombre y continuó. Su castigo, sin embargo, no se retrasó; y en cuanto él había dado unos pocos golpes en el árbol, se golpeó en la pierna, de modo que tuvo que regresar a casa.

Entonces Dummling dijo:

—Padre, déjeme ir a mí a cortar la madera.

El padre contestó:

—Sus hermanos se han hecho daño con ello, olvídelo, usted no entiende nada sobre eso.

Pero Dummling pidió con tanta insistencia que por fin él dijo:

—Vaya entonces. Se hará más sabio haciéndose daño.

Su madre le dio un pastel hecho sólo con agua y harina y horneado en las cenizas, y con una botella de cerveza ácida. Cuando él llegó al bosque, el pequeño viejo hombre canoso lo encontró igualmente, y después de su saludo le dijo:

—Déme un pedazo de su pastel y una bebida de su botella; tengo tanta hambre y tengo mucha sed.

Dummling contestó:

—Tengo un pastel de sólo harina horneado en ceniza y cerveza ácida; si esto le complace, nos sentaremos y comeremos.

Entonces se sentaron, y cuando Dummling sacó su pastel de harina, ahora era un pastel dulce muy delicioso, y la cerveza ácida se había transformado en el más fino vino. Y comieron y bebieron, y después el pequeño hombre dijo:

—Ya que usted tiene un corazón bueno, y acepta compartir lo que tiene, le daré la buena suerte. Allí tiene un viejo árbol, córtelo, y usted encontrará algo en las raíces.

Entonces el pequeño hombre se despidió de él.

Dummling fue y redujo el árbol, y cuando cayó ha-

bía un ganso sentado en las raíces con plumas de oro puro. Lo levantó, y lo llevó con él, y fue a una posada donde pensó que se quedaría la noche. Ahora bien, el anfitrión tenía tres hijas, que vieron al ganso y estaban curiosas por saber que tan maravillosa ave podría ser, y les habría gustado también tener una de sus plumas de oro.

La mayor pensó:

—Encontraré pronto una oportunidad de sacar una pluma.

Y tan pronto como Dummling había salido, agarró al ganso por el ala, pero su dedo y mano se quedaron fuertemente pegadas en ella. La segunda llegó casi de inmediato, pensando sólo en como ella podría conseguir una pluma, pero no había más que tocado apenas a su hermana cuando quedó fuertemente pegada. Por fin la tercera también vino con intención parecida, y las hermanas gritaron:

—Quédate lejos; ¡por tu bien, mantente lejos!

Pero ella no entendió por qué debía de alejarse.

—Las otras ya están allí, —pensó ella,— yo puedo estar también allí también.

Y corrió hacia ellas; pero tan pronto como había tocado a su hermana, ella también quedó pegada. Y no les quedó más que pasar la noche junto al ganso. A la mañana siguiente Dummling tomó al ganso bajo su brazo y salió, sin preocuparse sobre las tres muchachas que colgaban de él. Ellas fueron obligadas a seguir tras él continuamente, ya fuera a la izquierda, ya fuera a la derecha, o a como él decidiera ir.

En medio de los campos el cura los encontró, y cuándo él vio la procesión dijo:

—Qué vergüenza, ustedes muchachas inútiles, ¿por qué van por los campos detrás de este hombre joven? ¿es eso correcto?

Al mismo tiempo él agarró a la más joven de la mano a fin de separarla, pero tan pronto como él la tocó, igualmente se pegó rápido, y fue obligado a correr detrás en la fila. Al poco rato llegó el sacristán y vio a su maestro, el cura, que corría detrás de tres muchachas. Él quedó sorprendido de aquello y dijo:

—Hola, su reverencia, ¿hacia adónde van tan rápidamente? ¡no olvide que tenemos un bautizo hoy!

Y persiguiéndolo lo tomó por la manga, pero también quedó pegado inmediatamente. Mientras los cinco trotaban así uno detrás del otro, dos peones vinieron con sus azadas desde los campos; el cura los llamó y les pidió que los despegaran a él y al sacristán. Pero ellos apenas habían tocado al sacristán cuando también quedaron rápidamente pegados, y ahora eran siete corriendo detrás de Dummling y el ganso.

Pronto llegaron a una ciudad, donde el rey que gobernaba tenía una hija que era tan seria que nadie podìa hacerla reír. Para ese entonces él había firmado un decreto diciendo que quienquiera que fuera capaz de hacerla reír debería casarse con ella. Cuando Dummling oyó acerca de eso, fue con su ganso y todo su tren de seguidores ante la hija del Rey, y tan pronto como ella vio a las siete personas correr sin cesar, uno detrás del otro, de aquí para allá, ella comenzó a reír completamente en voz alta, y como si nunca acabaría de hacerlo.

Con eso Dummling pidió tenerla como su esposa, y la boda fue celebrada. Después de la muerte del Rey, Dummling heredó el reino y vivió en adelante siempre felizmente con su esposa.

EL FLAUTISTA DE HAMELIN

Corría el año 1284 cuando un misterioso hombre llegó a Hamelin. Llevaba un colorido abrigo, ropa brillante y un flautín, motivo por el cual fue llamado El Flautista. Afirmaba dedicarse a la caza de roedores y como la ciudad tenía en esos momentos una gran plaga de estos animales propuso liberarlos por una justa cantidad de dinero. Los ciudadanos aceptaron la propuesta y, acto seguido, el cazador sacó su flautín. Comenzó a tocar su melodía y rápidamente las ratas y los ratones salieron de su escondite, se acercaron a él y comenzaron a seguirle. El Flautista los

guió al río Weser, allí se arremangó sus ropas y comenzó a pasar por el agua. Los animales lo siguieron, cayeron en el río y se ahogaron.

El Flautista había liberado al pueblo de la plaga y sin embargo los ciudadanos se negaron a realizar el pago. Es por este motivo que salió de la ciudad enfadado y decepcionado. Regresó el día de San Juan y de San Pedro vestido en traje de caza y con cara de espanto. Hizo sonar su flautín en las calles, pero en esta ocasión no fueron los roedores los que se acercaron a él, sino una gran cantidad de niños y niñas. Entre ellos estaba la hija mayor del concejal. Los niños comenzaron a seguirle hacia una montaña, donde todos desaparecieron.

Una nodriza fue testigo de la escena y, cargando un niño en brazos, los había seguido desde cierta distancia. Fue ella quien dio la alarma al resto del pueblo. Entonces los padres comenzaron a buscar a sus hijos desesperadamente. Rápidamente, unos mensajeros fueron enviados por mar y por tierra preguntando por los niños pero ni tan siquiera esto dio resultado.

Un total de ciento treinta niños se perdieron. Dos de ellos, alguien comentaba, habían logrado regresar. Uno era ciego y el otro mudo. El ciego no fue capaz de ubicar el lugar pero sí pudo narrar cómo siguieron al flautista. El mudo pudo ubicar el lugar. Un niño en pijama se había marchado con los otros, pero volvió para recoger su chaqueta y esto le sirvió para salvarse de la tragedia.

Desde mediados del siglo XVIII hasta el día de hoy, la calle por la que los niños circularon hasta la salida del pueblo se llama *bunge-lose* (que significa *sin ruido*), ya que en ella no está permitido ni bailar ni escuchar música. De hecho, cuando una procesión matrimonial se acerca a la iglesia (ubicada en esa misma calle), los músicos dejan de

tocar. La montaña donde los niños desaparecieron cerca de Hamelin se llama Poppenberg. Dos monumentos de piedra en forma de cruces indican el lugar. Los hay que dicen que los niños habían entrado en la cueva que hay en esa montaña y habían salido en Transilvania.

Los ciudadanos de Hamelin añadieron este suceso al registro, y hoy día aun lo actualizan sin perder de vista el año y el día en que los niños desaparecieron. Las siguientes palabras están grabadas en un muro del pueblo:

En el año 1284 después de Cristo
En el lejano Hamelin
Ciento treinta niños, provinientes de este lugar
Se marcharon con un flautista a la montaña.

Y la entrada de la ciudad puede leerse:

Esta puerta fue construida 272 años después de que la magia alejó a 130 niños de la ciudad.

Índice

Selección de cuentos

•FONTANA•

1. **LA DIVINA COMEDIA,** Dante
2. **EL ARTE DE LA GUERRA,** Sun Tzu
3. **LA ILÍADA,** Homero
4. **LA ODISEA,** Homero
5. **LA ENEIDA,** Virgilio
6. **EL RETRATO DE DORIAN GRAY,** Oscar Wilde
7. **LA METAMORFOSIS,** Franz Kafka
8. **FRANKENSTEIN,** Mary Shelley
9. **NECRONOMICÓN, LOS MEJORES RELATOS,** H. P. Lovecraft
10. **ALICIA EN EL PAÍS DE LAS MARAVILLAS,** L. Carroll
11. **A TRAVÉS DEL ESPEJO,** Lewis Carroll
12. **LA VUELTA AL MUNDO EN OCHENTA DÍAS,** J. Verne
13. **DRÁCULA,** Bram Stoker
14. **CUENTOS DE LA SELVA,** Horacio Quiroga
15. **EL FANTASMA DE LA ÓPERA,** Gaston Leroux
16. **LA BELLA Y LA BESTIA,** Velleneuve y Beaumont
17. **DE LA TIERRA A LA LUNA,** Julio Verne
18. **EL PROCESO,** Frank Kafka
19. **CUENTOS DE AMOR DE LOCURA Y DE MUERTE,** H. Quiroga
20. **ROMEO Y JULIETA,** William Shakespeare
21. **ASÍ HABLABA ZARATUSTRA,** Friedrich Nietzsche
22. **MANIFIESTO COMUNISTA,** K. Marx y F. Engels
23. **EL PRÍNCIPE,** Nicolás Maquiavelo
24. **EL KYBALIÓN,** Tres Iniciados
25. **MÁS ALLÁ DEL BIEN Y DEL MAL,** Friedrich Nietzsche
26. **EL ANTICRISTO,** Friedrich Nietzsche
27. **APOLOGÍA DE SÓCRATES,** Platón
28. **DIÁLOGOS,** Platón
29. **METAFÍSICA,** Aristóteles
30. **RETÓRICA,** Aristóteles
31. **ÉTICA A NICÓMACO,** Aristóteles
32. **ELOGIO DE LA LOCURA,** Erasmo de Rotterdam
33. **AURORA,** Friedrich Nietzsche
34. **AZUL...,** Rubén Darío
35. **SELECCIÓN POÉTICA,** Federico García Lorca
36. **SENTIDO Y SENSIBILIDAD,** Jane Austen
37. **EL FANTASMA DE CANTERVILLE Y OTROS RELATOS,** O. Wilde
38. **EL PRÍNCIPE FELIZ Y OTROS CUENTOS,** Oscar Wilde
39. **CORAZÓN: DIARIO DE UN NIÑO,** Edmondo de Amicis
40. **ALREDEDOR DE LA LUNA,** Julio Verne

41. **LA MURALLA CHINA,** Franz Kafka
42. **AMÉRICA,** Franz Kafka
43. **EL PERRO DE LOS BASKERVILLE,** Arthur Conan Doyle
44. **EL DOCTOR JEKYLL Y MISTER HYDE,** Robert Louis Stevenson
45. **YERMA · DOÑA ROSITA LA SOLTERA,** Federico García Lorca
46. **SELECCIÓN DE CUENTOS,** Hermanos Grimm
47. **SELECCIÓN DE CUENTOS,** Christian Andersen
48. **EL MARAVILLOSO MAGO DE OZ,** Lyman Frank Baum
49. **EL CREPÚSCULO DE LOS ÍDOLOS,** Friedrich Nietzsche
50. **LA REPÚBLICA,** Platón
51. **EL CUERVO Y OTROS POEMAS,** Edgar Allan Poe
52. **LA MÁSCARA DE LA MUERTE ROJA Y OTROS RELATOS,** E. A. Poe
53. **EL CONTRATO SOCIAL,** Rousseau
54. **TRES ENSAYOS SOBRE LA TEORÍA SEXUAL,** Sigmund Freud
55. **PRINCIPIOS ELEMENTALES DE LA FILOSOFÍA,** Georges Politzer
56. **POPOL VUH & CHILAM BALAM**
57. **CANCIÓN DE NAVIDAD,** Charles Dickens
58. **EL INVITADO DE DRÁCULA Y OTRAS HISTORIAS DE TERROR,** Bram Stoker
59. **SALOMÉ & UNA MUJER SIN IMPORTANCIA,** Oscar Wilde
60. **INVESTIGACIÓN SOBRE LA NATURALEZA Y CAUSAS DE LA RIQUEZA DE LAS NACIONES,** Adam Smith
61. **EL ESCARABAJO DE ORO Y OTROS RELATOS,** Edgar Allan Poe
62. **HOJAS DE HIERBA,** Walt Whitman
63. **TAO TE KING,** Lao Tse
64. **MARTÍN FIERRO,** José Hernández
65. **MARÍA,** Jorge Isaacs
66. **EL ARTE DE AMAR · EL REMEDIO DEL AMOR,** Ovidio
67. **EL PROFETA · EL JARDÍN DEL PROFETA,** Khalil Gibrán
68. **DESOBEDIENCIA CIVIL Y OTROS TEXTOS,** Henry David Thoreau
69. **EL VALLE DEL TERROR,** Arthur Conan Doyle
70. **LA TEOGONÍA,** Hesíodo
71. **LA CASA DE BERNARDA ALBA · LA ZAPATERA PRODIGIOSA,** Federico García Lorca
72. **LAS FLORES DEL MAL,** Charles Baudelaire
73. **EL TERROR EN LA LITERATURA,** H. P. Lovecraft
74. **EL MUNDO COMO YO LO VEO,** Albert Einstein
75. **LOS MITOS DE CTHULHU,** H. P. Lovecraft
76. **UTOPÍA,** Tomás Moro
77. **EL GATO NEGRO Y OTROS RELATOS,** Edgar Allan Poe
78. **EN LAS MONTAÑAS DE LA LOCURA,** H. P. Lovecraft
79. **CUMBRES BORRASCOSAS,** Emily Brontë